BLED
Benjamin
7-8 ans

Édition assurée par

Daniel BERLION

Inspecteur de l'Éducation nationale

HACHETTE
Éducation

Alphabet phonétique

Voyelles

[a]	un arbre
[ɑ]	un âne
[i]	un ami
[o]	le mot
[ɔ]	la colle
[ə]	demain
[ø]	heureux
[œ]	la peur
[e]	une école
[ɛ]	la laine
[y]	la rue
[u]	la roue
[ɑ̃]	la dent
[ɛ̃]	le matin
[œ̃]	le parfum
[ɔ̃]	le monde

Consonnes

[b]	un bateau
[p]	le pain
[d]	dormir
[t]	la tête
[g]	la galette
[k]	le cacao
[f]	la fourmi
[v]	le vélo
[s]	le savon
[z]	une rose
[ʒ]	le jardin
[ʃ]	un chemin
[l]	un lapin
[R]	une reine
[m]	la maison
[n]	un renard
[ɲ]	la montagne

Semi-voyelles / semi-consonnes

[w]	l'ouest	[j]	le travail
[wɛ̃]	le soin	[ɥ]	la nuit
[wɑ]	la poire		

Les textes de la partie *observe* peuvent servir de support pour les dictées de contrôle en fin de leçon.

Maquette couverture : Alain VAMBACAS
Maquette intérieure : SG Création
Réalisation PAO : SG Production
Illustrations : Annie-Claude MARTIN

ISBN : 2.01.16.8983.X
© HACHETTE Livre, 2003
43, quai de Grenelle, 75905 PARIS Cedex 15.

Tous droits de traduction, de reproduction et d'adaptation réservés pour tous pays.

Le Code de la propriété intellectuelle n'autorisant, aux termes des articles L. 122-4 et L. 122-5, d'une part, que les « copies ou reproductions strictement réservées à l'usage privé du copiste et non destinées à une utilisation collective » et, d'autre part, que « les analyses et les courtes citations » dans un but d'exemple et d'illustration, « toute représentation ou reproduction intégrale ou partielle, faite sans le consentement de l'auteur ou de ses ayants droit ou ayants cause, est illicite ».
Cette représentation ou reproduction, par quelque procédé que ce soit, sans autorisation de l'éditeur ou du Centre français d'exploitation du droit de copie (20, rue des Grands-Augustins, 75006 Paris), constituerait donc une contrefaçon sanctionnée par les articles 425 et suivants du Code pénal.

Sommaire

1RE PARTIE : ORTHOGRAPHE D'USAGE

La phrase, les mots, les signes

Savoir couper les mots	6
L'apostrophe	7
Les points et les majuscules	8
L'ordre alphabétique	9
La cédille	10
L'accent aigu	11
L'accent grave	12
L'accent circonflexe	13
Révision	14

Des lettres

b et p – br et pr – bl et pl	16
d et t – dr et tr	17
f et v – fr et vr – fl	18
m et n	19
ch, g et j	20
La lettre m devant b, m, p	21
Les consonnes doubles	22
Des lettres que l'on n'entend pas à la fin des mots	24
La lettre h	26
Révision	27

Des sons

Le son [s] et le son [z]	30
Le son [o] et le son [ɔ]	32
Le son [k]	34
ge, gi, gy - gea, geo	36
ga, go, gu - gue, gui	37
in - ein - ain - aim	38
ei, ai	39
an, am - en, em	40
Révision	41

Des difficultés

Des mots qui ne changent jamais	44
Des mots qui se ressemblent	46
Révision	48

2E PARTIE : ORTHOGRAPHE GRAMMATICALE

Le nom et l'adjectif

Le nom commun et le nom propre	52
Le masculin et le féminin des noms	54
Le singulier et le pluriel des noms	56
Le masculin et le féminin des adjectifs	58
Le singulier et le pluriel des adjectifs	60
Quelques déterminants	62
L'écriture des nombres	64
Les accords dans le groupe du nom	66
Révision	68

Sommaire

Le verbe
L'accord du verbe avec son sujet 72
Les pronoms personnels sujets 74
Révision 76

Des mots à ne pas confondre
est - et 78
à - a 80
son - sont 82
on - ont 84
Révision 86

3E PARTIE : CONJUGAISON

Le verbe
Reconnaître le verbe 90
Le verbe à l'infinitif 91
Les temps 92
Les personnes 93
Révision 94

Le présent de l'indicatif
Le verbe *être* au présent 96
Le verbe *avoir* au présent 97
Le verbe *aller* au présent 98
Le verbe *faire* au présent 99
Les verbes comme *chanter* au présent 100
Révision 102

Le futur simple
Le verbe *être* au futur 106
Le verbe *avoir* au futur 107
Le verbe *aller* au futur 108
Le verbe *faire* au futur 109
Les verbes comme *chanter* au futur 110
Révision 112

Le passé composé
Le verbe *être* au passé composé 116
Le verbe *avoir* au passé composé 117
Le verbe *aller* au passé composé 118
Le verbe *faire* au passé composé 119
Les verbes comme *chanter* au passé composé 120
Révision 122

L'imparfait de l'indicatif
Le verbe *être* à l'imparfait 126
Le verbe *avoir* à l'imparfait 127
Le verbe *aller* à l'imparfait 128
Le verbe *faire* à l'imparfait 129
Les verbes comme *chanter* à l'imparfait 130
Révision 132

Tableaux de conjugaison 136

Corrigés des exercices et des révisions 142

# 1

Orthographe d'usage

ORTHOGRAPHE D'USAGE

La phrase, les mots, les signes

Savoir couper les mots

observe

Pour le carnaval, Sabrina se déguise en marquise. Elle porte une magni-fique robe blanche et une perruque blonde.

retiens

Chaque partie d'un mot qui se prononce en un seul son s'appelle une **syllabe**.
car - na - val sont les syllabes du mot *carnaval*.

Lorsqu'un mot doit être coupé à la fin d'une ligne, il faut placer un **tiret** juste après une syllabe ou entre deux lettres identiques.
Elle porte une magni-fique robe et une per-ruque blonde.

exercices Corrigé p. 142

1 Observe l'exemple et donne le nombre de syllabes de chacun de ces mots.

écharpe → 3 syllabes

anorak	manteau	chemise	peignoir
pantalon	cravate	ceinture	collant
veste	combinaison	jupe	foulard

2 Observe l'exemple et coupe les mots comme si tu devais les écrire en fin de ligne.

formidable → for-midable ou formi-dable ou formida-ble

| problème | dimanche | janvier | machine |
| caverne | fumée | ballon | légume |

copie et retiens

la robe - la chaussure - le costume - le pantalon - l'anorak
la jupe - la veste - le manteau - la chemise - le bonnet

ORTHOGRAPHE D'USAGE

La phrase, les mots, les signes

L'apostrophe

observe
À l'école, Farid a appris à se servir d'une souris ; c'est facile ! Maintenant, il peut s'entraîner sur l'ordinateur de ses parents.

retiens
L'**apostrophe** (') est un petit signe remplaçant une voyelle à la fin d'un mot qui se trouve devant un autre mot qui commence par une voyelle (ou parfois un **h**).
On ne dit pas :
(la orange)	mais	*l'orange*
(je me agite)	mais	*je m'agite*
(si il pleut)	mais	*s'il pleut*
(elle se éveille)	mais	*elle s'éveille*
(le hiver)	mais	*l'hiver*

exercices Corrigé p. 142

3 Copie ces mots en plaçant correctement les apostrophes.
la échelle   le abricot   le éléphant   la image
le enfant   la épaule   la unité   le argent

4 Copie ces phrases en plaçant correctement les apostrophes.
Lorsque il pleut, Karine *se abrite* sous un parapluie. - *Le autobus ne est* pas à *la heure*. - *Le homme se envolera* un jour en direction de la planète Mars. - Laurent boit un grand verre *de eau*.

5 Écris les verbes entre parenthèses au présent.
Tu (s'écarter) pour ne pas marcher dans l'eau. - Je (s'occuper) en regardant une cassette. - Les portes du wagon (s'ouvrir) toutes seules. - Quand on appuie sur le bouton, les automates (s'animer).

copie et retiens
l'achat - l'argent - l'arrivée - l'adresse - l'année
l'école - l'église - l'élève - l'éclat - l'épaule

ORTHOGRAPHE D'USAGE

La phrase, les mots, les signes

Les points et les majuscules

observe

Sabine visite le musée du sabot avec ses parents. **E**lle découvre que les hommes portaient les mêmes chaussures tout au long de l'année.

retiens

Une phrase commence toujours par une lettre majuscule et se termine par un point.
L'entrée du musée est gratuite.

Quand on pose une question, la phrase se termine par un point d'interrogation.
Aimes-tu aller à l'école ?

exercices Corrigé p. 142

6 **Copie ces phrases en plaçant les majuscules et les points.**
ce film comique plaît à tous les enfants
la neige recouvre les voitures garées sur le trottoir
il ne faut pas jeter les bouteilles en verre n'importe où

7 **Remets ces mots dans l'ordre pour former des phrases.**
adore - Donovan - jeux - les - électroniques.
un - Roxane - or. - en - porte - collier
délicieux. - Ces - sont - œufs - à - coque - la

8 **À la fin de ces phrases, ajoute un point ou un point d'interrogation si c'est une question.**
Le client demande une réduction au vendeur
Quel est l'animal qui a le plus long cou
Quand apprendras-tu le chinois

copie et retiens

le **cou** de la girafe - le **coup** de poing - Il **coud** un bouton.
une bouteille en **verre** - le **ver** de terre - un fruit **vert**

ORTHOGRAPHE D'USAGE

La phrase, les mots, les signes

L'ordre alphabétique

observe

Bastien passe ses vacances au bord de la mer. Il se baigne tous les jours et joue au foot sur la plage. Il a même participé à une course de voiliers.

retiens

Dans un dictionnaire, les mots sont rangés dans l'ordre alphabétique. Il faut donc bien le connaître pour trouver l'orthographe d'un mot.
a - b - c - d - e - f - g - h - i - j - k - l - m - n - o - p - q - r - s - t - u - v - w - x - y - z

Si deux mots commencent par la même lettre, on regarde celle qui suit.
ballon se trouvera avant *boule* parce que le *a* est avant le *o* dans l'ordre alphabétique.

exercices Corrigé p. 142

9 Écris la lettre qui vient avant, et celle qui vient après, dans l'ordre alphabétique.
... g ...   ... e ...   ... b ...   ... p ...   ... v ...   ... r ...
... l ...   ... i ...   ... o ...   ... t ...   ... m ...   ... f ...

10 Écris ces 2 listes de mots dans l'ordre alphabétique.
filet - courir - laver - gros - porte
plage - timbre - beau - samedi - nuit

11 Écris ces 3 listes de mots dans l'ordre alphabétique.
moulin - miroir - mur - mesurer - marron
garage - galet - gamin - gazon - gâteau
cerise - céder - cendre - centaine - cercle

copie et retiens

lundi - mardi - mercredi - jeudi - vendredi - samedi - dimanche

ORTHOGRAPHE D'USAGE

La phrase, les mots, les signes

La cédille

observe

Aujourd'hui, c'est un remplaçant qui fait la classe. Les garçons sont impatients car il a promis de nous donner un petit aperçu de ses talents de musicien : il joue de la guitare !

retiens

Pour entendre le son [s], il faut placer une cédille sous le **c** qui se trouve devant les voyelles **a, o, u** (sinon, il se prononcerait [k]).
*remplacer - un remplaçant   un flacon - un garçon
apercevoir - un aperçu*

exercices Corrigé p. 142

12 Complète ces noms avec c ou ç.
un cale...on   la tra...e   le fran...ais   un re...u
l'électri...ité   la balan...oire   le ...itron   la chan...e

13 Complète ces verbes avec c ou ç.
Nous pronon...ons mal ces mots. - Le robot s'avan...e d'un air mena...ant. - Le bébé su...e son pouce. - Les joueurs lan...ent le ballon dans le panier. - Ne sois pas dé...u, la meilleure équipe a gagné. - En commen...ant par le premier chapitre, tu comprendras mieux l'histoire. - Nous commen...ons l'exercice.

14 Devinettes. (Dans tous les noms il y a une cédille.)
Il faut bien l'apprendre pour pouvoir la réciter.   la le...............
Dans un verre, il refroidit l'eau.   le gla.............
C'est un ouvrier qui bâtit des maisons.   le ma.............
Il permet d'attraper les poissons.   l'hame...........

copie et retiens

la leçon - le garçon - la façon - le glaçon - le français - le reçu

ORTHOGRAPHE D'USAGE

La phrase, les mots, les signes

L'accent aigu

observe

José regarde le départ de la fusée lunaire sur l'écran de son téléviseur. Les moteurs crachent une épaisse fumée et les cosmonautes quittent la Terre dans un bruit assourdissant.

retiens

L'accent aigu se place seulement sur la lettre **e** qui se prononce [e].
José - le départ - la fusée - l'écran - le téléviseur - épaisse

exercices Corrigé p. 142

15 Complète ces mots avec **e** ou **é**.

le r...veil	le m...d...cin	la r...citation	le r...gim...
un d...tail	la sant...	le r...gard	une h...lic...
la m...lodi...	l'...col...	la vari...t...	une r...duction
le pr...sident	r...unir	p...nible	d...main

16 Copie ces phrases en plaçant les accents qui ont été oubliés.
Je reflechis avant de prendre ma decision.
Le defile fait un detour pour eviter le centre de la ville.
Felix a casse la pedale de son velo.
Le jour de la rentree, j'ai retrouve mes camarades.
Rene a un elephant tatoue sur l'epaule.

17 Regarde bien le modèle et transforme les phrases.
Elle va chercher une place. → Elle a cherché une place.
Elle va téléphoner à son amie. → Elle a ...
Les élèves vont dessiner un bateau. → Les élèves ont ...
Le cheval va galoper. → Le cheval a ...

copie et retiens

l'étude - l'égalité - l'épée - l'équipe - l'épreuve
le détail - le désert - le désordre - la défense - le début

ORTHOGRAPHE D'USAGE

La phrase, les mots, les signes

L'accent grave

observe

Charl**è**ne ram**è**ne un petit chat **à** la maison. Elle l'installe dans une pi**è**ce pr**è**s de sa chambre **o**ù il pourra se reposer sans probl**è**me. Il est tr**è**s amusant quand il se l**è**che les pattes.

retiens

L'**accent grave** (`) se place souvent sur la lettre **e** qui se prononce [ɛ].
Charlène - ramène - une pièce - près - sans problème - très

On trouve parfois un accent grave sur les lettres **a** et **u**.
à la maison - où il pourra se reposer

exercices Corrigé p. 142

18 Complète les mots avec è ou e.

un fr...re   le m...tre   une fl...che   le r...ste
la cr...me   de l'h...rbe   une l...ttre   un carn...t
une voy...lle   la paupi...re   un si...ge   la p...rte
apr...s   la ch...vre   la vaiss...lle   le gruy...re

19 Dans ces phrases, les accents (aigus ou graves) ont été oubliés. Retrouve-les.

Il n'y a que dans les dessins animes que l'on voit des partheres roses.
La barriere est fermee ; on devra faire un long detour.
Quelle difference y a-t-il entre un lapin et un lievre ?
Les spectateurs applaudissent les acteurs qui defilent sur la scene.

copie et retiens

la pièce - la mère - le père - le frère - la bière
la rivière - la crème - la flèche - la fièvre - la grève

ORTHOGRAPHE D'USAGE

La phrase, les mots, les signes

L'accent circonflexe

observe

Ninon a fait un rêve étrange. Elle volait au-dessus d'une forêt. Au loin, elle voyait un château. Des oiseaux frôlaient sa tête et des fantômes caressaient ses vêtements avec leurs lourdes chaînes.

retiens

L'**accent circonflexe** se place sur la lettre **e** qui se prononce [ɛ].
un rêve - la forêt - sa tête - les vêtements

On peut aussi trouver un accent circonflexe sur les autres voyelles.
le château - frôler - le fantôme - la chaîne

exercices Corrigé p. 142

20 Complète ces mots avec ê ou e.

la f...te	b...lle	la b...te	v...rte	pr...ter
la t...rre	un arr...t	la temp...te	la f...n...tre	le g...nou
la gr...le	la v...ste	la b...tise	la gr...nouille	la cr...vette

21 Cherche ces noms dans ton dictionnaire et, s'il le faut, complète-les avec un accent circonflexe.

| l'hopital | la cloture | le coté | un hotel |
| un chateau | un bateau | un tableau | un chameau |

22 Complète ces expressions avec les accents oubliés.
Tu peux chercher dans un dictionnaire.

la pate a crepes	un gateau a la creme	jouer de la flute a bec
la piqure d'une guepe	laisser bruler le roti	s'installer sur le trone
aller a la peche	la croute du pain	une arete de poisson

copie et retiens

la tête - la fête - le rêve - la bête - la forêt
le château - le gâteau - la chaîne - la boîte - le côté

Révision

1 Tous les mots d'une même colonne se terminent par la même syllabe. Complète-les.

la ta...	l'oran...	la mon...	la lè...
le dou...	le vira...	le cen...	le gi...
le câ...	le baga...	le feu...	la chè...
le sa...	la gor...	l'as...	le poi...
la fa...	l'épon...	le li...	le liè...

2 Écris ces phrases en séparant correctement les mots.

Samedinousseronsenvacances.
Lesjoueursentrentsurleterrain.
Lesfeuxtricoloressontencoreenpanne.

3 Complète les phrases avec les mots qui conviennent.

(l'école - les cols)   Je ne vais jamais à ... le dimanche.
　　　　　　　　　　　Les coureurs montent ... à vive allure.

(l'avenue - la venue) Les piétons traversent ... du Maine.
　　　　　　　　　　　Tu attends ... du père Noël.

(la mie - l'amie)   Dans le pain, j'adore ... .
　　　　　　　　　　　Pauline est ... de Sandra.

4 Ces phrases ne veulent rien dire ; copie-les en plaçant les mots dans le bon ordre (n'oublie pas les majuscules).

une plaque de verglas glisse sur un passant.
toute la famille réveille la sonnerie du téléphone.
la pluie se protège de madame Robin.
le réservoir remplit le pompiste.
une commode fabrique le menuisier.

5 Relie les lettres dans l'ordre alphabétique pour retrouver celui que tu accroches dans le dos de tes amis le 1er avril !

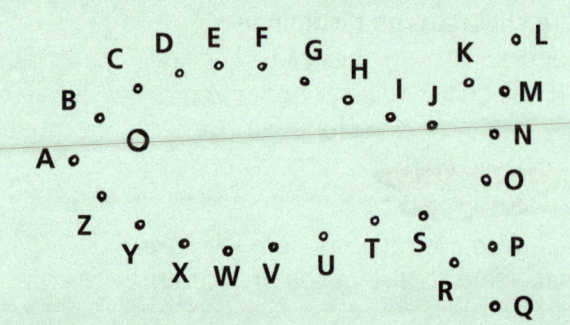

Révision

6 *Complète selon le modèle.*

(percer) → En perçant le mur, monsieur Tardy a fait un gros trou.
(menacer) → Malgré le ciel ..., nous partons nous promener.
(agacer) → Toujours répéter la même chose, c'est ... !
(froncer) → L'ogre s'avance en ... les sourcils.
(tracer) → En ... ce trait, tu as fait une tache.
(lancer) → En ... ma boule près du cochonnet, je marque un point.

7 *Devinettes.*
Dans tous les noms que tu dois trouver, il y a un accent aigu.

C'est un homme très, très grand. — un g.............
Avec sa baguette magique, elle réalise des miracles. — une f............
C'est la saison la plus chaude de l'année. — l'.................
On y va pour voir des films. — le ci..............
Mise dans la serrure, elle ouvre la porte. — la c..............
On la donne quand on nous pose une question. — la r...............

8 *Complète en écrivant le nom féminin.*

le berger et la bergère

l'ouvrier et l'...
le dernier et la ...
le cuisinier et la ...
l'écolier et l'...
le fermier et la ...
le cavalier et la ...

le sorcier et la ...
le boulanger et la ...
le prisonnier et la ...
le premier et la ...
le caissier et la ...
le passager et la ...

9 *Cherche le sens de ces mots dans ton dictionnaire pour compléter les phrases. Aide-toi des dessins.*

pâte - patte

La ... de cette tarte est très dure.
Le chien tend la ... à son maître.

mûr - mur

Cet abricot n'est pas ... .
Un ... sépare les deux jardins.

grâce - grasse

Cette volaille est bien trop ... .
La danseuse se déplace avec ... .

15

ORTHOGRAPHE D'USAGE

Des lettres

b et p – br et pr – bl et pl

observe

Bar**b**ara va à la **p**iscine avec ses **p**arents. Elle a mis son **b**eau maillot de **b**ain **bl**eu. Elle s'avance **pr**ès du **b**ord et **pl**onge le **br**as dans l'eau **p**our savoir si elle est froide.

retiens

Il ne faut pas confondre les sons [b] et [p].
le bain - le pain   beau - la peau
Quelquefois, on entend deux consonnes avant la voyelle.
bleu - bras - près - plonge

exercices Corrigé p. 142

23 Complète chaque phrase avec l'un de ces mots.
boule - poule - pelle - belle - boire - poire
Pour Pâques, je mange une ... en chocolat. - Tu lances ta ... de pétanque. - Le maçon verse une ... de sable sur le ciment. - Larissa fait admirer sa ... coiffure. - Quand on a soif, il faut ... . - On dit que la ... est plus juteuse que la pomme.

24 Complète ces mots par b ou p.
la ...artie   la ...arque   le ...eurre   une ...art
le ...allon   la ...eur   tom...er   la ...ar...e

25 Complète les mots par bl, pl, br ou pr.
des cheveux ...onds   l'om...e de l'ar...e
rem...ir une bouteille   s'a...iter sous le ...éau
du sa...e ...anc   une étoile ...illante

copie et retiens

*le ballon - la barbe - le sable - le bras - la table
parler - la pile - la porte - la plante - la poste*

ORTHOGRAPHE D'USAGE

Des lettres

d et t – dr et tr

observe

C'est la fête de l'école. La maî**t**resse mon**t**e sur l'es**t**ra**d**e et **d**irige la chorale pen**d**ant que la **d**irec**t**rice présen**t**e nos **t**ravaux de peinture aux paren**t**s. Mais il es**t d**ifficile **d**'enten**d**re les chan**t**s car il y a du brui**t**.

retiens

Il ne faut pas confondre les sons [d] et [t].
la fê**t**e - elle mon**t**e - elle présen**t**e - la pein**t**ure
diriger - pen**d**ant - la **d**irectrice - **d**e - **d**ifficile
Quelquefois, on entend deux consonnes avant la voyelle.
la maî**tr**esse - l'es**tr**ade - la **dir**ectrice - les **tr**avaux - enten**dr**e
Les lettres **d** et **t** peuvent ne pas se prononcer.
le paren**t** - pendan**t** - il es**t** - le chan**t** - le brui**t** - froi**d** - le fon**d**

exercices Corrigé p. 143

26 **Complète ces noms avec d ou t.**

la ...ouche   le ...iable   une ...able   une ...asse

27 **Complète ces mots avec**

    d ou t | **dr ou tr**

la ...ent   la rou...e | une mon...e de plongée
la na...ure   same...i | un ...apeau ...icolore
la car...e   une ...ar...e | descen...e du ...ottoir
le re...our   le fac...eur | ...acer une ligne ...oite

copie et retiens

la salade - la douche - le coude - demain - la ronde
la montre - la carte - autour - la faute - le moteur

ORTHOGRAPHE D'USAGE

Des lettres

f et v – fr et vr – fl

observe

Vendredi, madame Fort fait son marché. Elle trouve qu'ici les fruits et les légumes sont souvent plus frais. Elle achète des endives, des poivrons, des fraises et pour finir un bouquet de fleurs.

retiens

Il ne faut pas confondre les sons [f] et [v].
Fort - fait - finir ; vendredi - elle trouve - souvent - des endives
Quelquefois, on entend deux consonnes avant la voyelle.
les fruits - frais - des fraises - des poivrons - les fleurs

exercices Corrigé p. 143

28 Complète les mots avec f ou v.

un en...ant   pou...oir   se la...er le ...isage
obser...er   le pla...ond   parler d'une ...oix ...aible
no...embre   un pa...é   in...enter une histoire
un œu...   la ...emme   ...aire un ...aux mou...ement
mau...ais   ser...ir   ...ermer la ...alise
un na...ire   le ...euillage   se ré...eiller de bonne heure

29 Complète les mots avec fr ou vr.

un ...omage de chè...e   se ...otter les mains
...anchir la ...ontière   avoir de la fiè...e
un pau...e animal blessé   serrer le ...ein du vélo
ou...ir la porte d'entrée   vi...e en ...ance
une ...aie ...ayeur   déli...er un prisonnier

copie et retiens

la foire - une fleur - facile - la fumée - le feu
la vache - laver - ouvrir - pouvoir - vivre

ORTHOGRAPHE D'USAGE

Des lettres

m et n

observe

Ariane aime la musique. Le samedi, elle ne manque jamais son cours de piano. Elle admire les mains de son professeur qui courent sur les touches blanches et noires.

retiens

Il ne faut pas confondre les lettres **m** et **n**.
elle aime - la musique - le samedi - elle manque - jamais
Ariane - le piano - les notes - ne - noire

Les lettres **m** et **n** ne se prononcent pas toujours [m] et [n].
elle manque - les mains - son - elles courent - blanche

exercices Corrigé p. 143

30 Complète ces noms avec **m** ou **n**.

la fu...ée    la lu...e    une ...aison    un ...outon

31 Complète chaque phrase avec le mot qui convient.
costume - médecin - carnaval - neige - armoire - animal - semaine - moustache - malade
Quand Serge est ..., il va chez le ... . - Le jour du ..., chaque enfant porte un ... différent. - Le lion est un ... sauvage. - Monsieur Demond a rasé sa ... . - Sans ..., on ne peut pas faire de ski. - Dans une ..., il y a sept jours. - On range le linge dans l'... .

copie et retiens

la main - la maison - le mot - l'image - la famille
un nuage - une usine - devenir - le journal - malade

19

ORTHOGRAPHE D'USAGE

Des lettres

ch, g et j

observe

Chez Gérald, la console de jeux reste allumée toute la journée. Ses amis viennent jouer et chacun cherche à battre le nombre de points du champion du monde. Mais il faut beaucoup de chance pour y arriver !

retiens

Il ne faut pas confondre les sons [ʃ] et [ʒ].
chez - chacun - cherche - le champion - la chance
les jeux - la journée - jouer

Le son [ʃ] s'écrit avec c et h que l'on n'entend pas séparément.
le champ - le camp ; le chou - le cou

Le son [ʒ] peut s'écrire avec la lettre g lorsqu'elle se trouve devant e, i, y.
Gérald - la bougie - le gymnase

exercices   Corrigé p. 143

32 Complète ces noms avec ch, g ou j.

la ...emise    la mou...e    la ...irafe    un ...ournal

33 Complète les mots avec

ch ou j

un ...apeau   le ...ardin
un ob...et   la dou...e
...aune   mar...er
la ...oie   ...eter

ch ou g

un mou...oir rou...e
l'ima...e d'un ...âteau
na...er dans une eau ...aude
se cou...er dans la nei...e

copie et retiens

la bouche - la louche - la mouche - la touche - la couche
le jeu - le jouet - le jardin - la jambe - juste

ORTHOGRAPHE D'USAGE

Des lettres

La lettre m devant b, m, p

observe

Monsieur Cha**m**bon re**m**plit le réservoir de sa voiture à la po**m**pe à essence. En voulant regarder le co**m**pteur, il s'e**mm**êle les ja**m**bes dans le tuyau et laisse to**m**ber ses clés dans une flaque d'eau.

retiens

Devant les lettres **b, m, p,** il faut écrire **m** au lieu de **n**.
Chambon - la jambe - tomber ;
s'emmêler ; remplir - la pompe - le compteur
Attention à quelques exceptions : *un bonbon, une bonbonnière.*

exercices   Corrigé p. 143

34 Complète les mots avec m ou n.

un ti...bre   e...tourer   une épo...ge   un co...bat
le pri...te...ps   la lo...gueur   le co....trôleur   le ja...bon
le plo...geoir   une fra...boise   un cha...pignon   e...se...ble

35 Complète les phrases avec des mots où il y a om ou on.
Quand il n'y a pas de soleil, il n'y a pas d'... . - Je ne connais pas la ré... à cette question. - Les p... éteignent l'incendie. - Préférez-vous les b... au miel ou les caramels ? - Quinze est un n... qui s'écrit avec deux chiffres. - C...bien as-tu de CD-Rom ?

36 Complète les phrases avec des mots où il y a am ou an.
Le ch... reçoit une médaille d'or. - Le hip-hop est une d... pour les adolescents sportifs. - Nous installons notre tente dans un c... au bord de la mer. - Le batteur frappe sur son t... avec des baguettes.

copie et retiens

la jambe - le jambon - le tambour - le tambourin
la lampe - le lampadaire - la pompe - le pompiste

21

ORTHOGRAPHE D'USAGE

Des lettres

Les consonnes doubles

observe

À la cafétéria, chacun prend le de**ss**ert qu'il préfère. Pie**rr**e choisit un sou**ff**lé glacé, Maria**nn**e un gâteau au chocolat, Julie**tt**e a**pp**récie une crème de ma**rr**ons et e**ll**e s'a**cc**orde même un petit su**pp**lément : une tarte aux po**mm**es !

retiens

Les consonnes placées entre deux voyelles (ou entre une voyelle et **l** ou **r**) peuvent être doublées.
le dessert - Pierre - un soufflé - Marianne - Juliette - apprécier - le marron - elle - s'accorder - un supplément - une pomme

Quand on a un doute, il faut chercher dans un dictionnaire.

Devant une double consonne, la voyelle ne prend pas d'accent.
le dessert - Juliette - Pierre - elle

La consonne qui suit une voyelle accentuée n'est pas doublée.
un gâteau - même - la crème - il préfère

exercices   Corrigé p. 143

37 Complète les mots avec r ou rr. Utilise un dictionnaire.

la sorciè...e   la te...e   le te...ain   le ma...in
la ba...iè...e   la fou...u...e la pu...ée   la di...ection
l'a...ivée   cou...ir   se nou...ir   mou...ir

38 Complète les mots avec p ou pp. Utilise un dictionnaire.

Pour sonner, tu a...uies sur le bouton. - Charlot avait un cha...eau rond. - Ce jeune chien écha...e à la surveillance de son maître. - Avec ce portable, on peut a...eler tous ses amis.- Qui fra...e à la porte ? - Les su...orters encouragent leur équipe. - Les élèves co...ient le texte. - Aimes-tu la sou...e de légumes ?

39 Complète les mots avec n ou nn. Utilise un dictionnaire.

un to...eau   abando...er   un bo...et   la so...ette
des lu...ettes   le dî...er   se réu...ir   le télépho...e
a...oncer   co...aître   un ca...on   le crâ...e

40 **Complète les mots avec t ou tt.** Utilise un dictionnaire.

Pour faire peur aux serpents, on u...ilise un bâ...on. - Le cuisinier met un peu de caro...es autour du plat de viande. - Les visi...eurs pénè...rent dans la gro...e de Blanot. - Omar porte une casque...e jaune. - Le camelot vend des douzaines d'assie...es. - Le coq porte une magnifique crê...e rouge. - Papa verse quelques gou...es de citron sur son plat de poisson. - Heidi goû...e la crème caramel.

41 **Complète les mots avec l ou ll.** Utilise un dictionnaire.

la co...e	le pou...et	le ba...on	le mi...ieu
emba...er	la vio...ette	le bou...on	la bu...e
la co...onne	un ba...ai	un bou...et	tranqui...e
la co...ine	s'insta...er	un mi...ion	une a...umette
la co...ère	la vi...e	l'éche...e	un rô...e

42 **Complète les mots avec f ou ff.** Utilise un dictionnaire.

L'argent de la banque est dans un co...re-fort. - L'arbitre si...le une faute. - Il fait froid et le chau...age est en panne. - Florian regarde l'a...iche placée sur le mur du cinéma. - Le coureur sou...re d'un point de côté. - Maria a changé de coi...ure. - Pourquoi les pla...onds sont-ils souvent peints en blanc ? - Sans air, on étou...e.

43 **Complète les phrases avec des mots qui ont une consonne double.** Tu peux chercher dans un dictionnaire.

Le bouchon du pêcheur fl... à la surface de l'eau. - Le roi a une cou... en or sur la tête. - La l... protège ses lionceaux. - Le cavalier porte des b... en cuir. - Tu mets la lettre dans une en... avant de la poster. - Les spectateurs a...dissent le chanteur. - Myriam met du beu...e dans sa purée.

44 **Complète les phrases avec des mots qui ont une consonne double.**

Aujourd'hui, les fe... exercent tous les métiers. - Dans ce quartier, il y a beaucoup d'i... de vingt étages. - Avant le début du spectacle, j'achète un prog... . - Le tro... est réservé aux piétons. - Sur le *e* du mot *fête*, il y a un a... circonflexe. - La caissière compte la rec... de la journée. - M. Lerond a une belle co...ection de timbres.

copie et retiens

*le ballon - un homme - une femme - la terre - la flotte
une année - les lunettes - la grotte - frapper - une affaire*

ORTHOGRAPHE D'USAGE

Des lettres

Des lettres que l'on n'entend pas à la fin des mots

observe

Dan**s** la chambre de Rémi, il y a un gran**d** li**t** très ba**s**, un tapi**s** où se repose parfoi**s** le cha**t** et un placar**d** pour ranger les vêtemen**ts**.

retiens

À la fin des mots, il y a parfois des lettres que l'on n'entend pas.
dans - grand - le lit - bas - le tapis - parfois - le chat - le placard - le vêtement

Pour les trouver, on peut penser à un mot de la même famille ou chercher dans un dictionnaire.
grand → *la grandeur*   *le tapis* → *tapisser*

exercices Corrigé p. 143

45 À la fin de ces noms, souligne seulement les lettres que l'on n'entend pas.

le radis	un croissant	un os	le nord
un cadenas	un autobus	un bloc	le toit
le bois	le verglas	huit	le prix
le drap	un arc	le fond	l'ours
le camp	un tournevis	un parc	le sang

46 Écris les adjectifs au masculin.

une rivière profonde → un trou ...
une mèche blonde → un cheveu ...
une peau douce → un pelage ...
une épreuve amusante → un jeu ...
une petite cuillère → un ... couteau
une couleur grise → un nuage ...
une robe blanche → un pull ...

24

47 Écris un nom de la même famille que le verbe.

regarder	→	le regard	combattre	→	le ...
refuser	→	le ...	accorder	→	l'...
ranger	→	le ...	éclater	→	l'...
réciter	→	le ...	galoper	→	le ...
retarder	→	le ...	poignarder	→	le ...

48 Complète selon le modèle.

Amélie est absente.	→	Étienne est absent.
La région est déserte.	→	Le pays est ...
La crème est épaisse.	→	Le potage est ...
La matinée est fraîche.	→	Le temps est ...
Cette femme est élégante.	→	Cet homme est ...
La pomme est verte.	→	Le fruit est ...

49 Utilise un dictionnaire pour trouver la lettre finale de ces noms.

un outi...	le lila...	la croi...	un solda...
un concour...	un robo...	un palai...	le lou...
le buvar...	le chocola...	du siro...	un escargo...
le poid...	un pie...	un gan...	un foular...
le circui...	le nœu...	un croqui...	un parfu...

50 Écris le nom masculin correspondant au nom féminin.

la cliente	→	le client	la marchande	→	le ...
une géante	→	un ...	une habitante	→	un ...
une marquise	→	un ...	une commerçante	→	un ...
une candidate	→	un ...	une Française	→	un ...
une sainte	→	un ...	une présidente	→	un ...

51 Écris un nom de la même famille pour chacun de ces mots.

confortable	→	le confort	le bruitage	→	le ...
sportif	→	le ...	la climatisation	→	le ...
des serpentins	→	le ...	le quartier	→	le ...
un plateau	→	le ...	la rizière	→	le ...
la laiterie	→	le ...	le dentiste	→	la ...

copie et retiens

le sport - la dent - le début - le lit - le chocolat
profond - blanc - gros - petit - grand - droit

ORTHOGRAPHE D'USAGE

Des lettres

La lettre h

observe

Fin octobre, il faut mettre les montres et les **horloges** à l'**heure** d'**hiver**. Il est facile de prendre l'**habitude** de se lever plus tard mais on **hésite** à se coucher dès qu'il fait nuit.

retiens

Pour savoir si un mot commence par la lettre **h**, il faut chercher dans un dictionnaire.
l'**h**orloge - l'**h**eure - l'**h**iver - l'**h**abitude - **h**ésiter

exercices Corrigé p. 143 et p. 144

52 Cherche ces mots dans un dictionnaire et, s'il le faut, complète-les avec un h.

se reposer à l'...ombre
un ...omme célèbre
une ...usine automobile
sortir de l'...ôpital
regarder une ...image

une personne ...onnête
avoir l'...oreille percée
sauter en ...auteur
une ...opération facile
une ...orrible sorcière

53 Écris ces noms au singulier. Fais bien attention car pour certains il faut placer une apostrophe.

les housses → la housse   les hameçons → l'hameçon
les haricots   ...   les habitants   ...
les hérons   ...   les huîtres   ...
les homards   ...   les hôtels   ...
les huttes   ...   les hélices   ...
les hérissons   ...   les honneurs   ...
les haies   ...   les hirondelles   ...

copie et retiens

l'homme - l'hiver - l'heure - la hauteur - l'habitude
un habit - la haie - le hameau - l'hôpital - l'huile

Révision

10 **Écris le mot qui convient sous chaque dessin.**
Si tu n'es pas sûr(e) de toi, cherche l'orthographe dans un dictionnaire.

....

....

11 **Écris le nom de ces instruments de musique.**
Si tu hésites, cherche l'orthographe dans un dictionnaire.

12 **Complète chaque phrase avec le mot qui convient.**

fin - vin - fille - ville - fois - vois - fer - ver

N'oublie pas de débrancher le ... à repasser. - Le pêcheur accroche un ... de terre à son hameçon. - Dans notre équipe, il n'y a qu'une seule ... . - Les rues de la vieille ... sont sombres et étroites. - Deux ... trois, cela fait six. - Avec cette paire de jumelles, je ... tous les détails. - Le ... n'est pas une boisson pour les enfants. - Sonia met une pincée de sel ... dans ses pâtes.

27

Révision

13 **Devinettes.**
Dans tous les noms à trouver, on entend le son [f] ou le son [v].

Il brûle ! — le ...
Elle a un volant, quatre roues et un moteur. — la ...
Il a un drap blanc sur la tête et sort la nuit. — le ...
Dans une pièce, il est au-dessus de nos têtes. — le pl...
On y place les bouquets de fleurs. — le ...
Il est plus petit qu'une ville et plus grand qu'un hameau. — le ...

14 **Dans chaque phrase, on entend le son [n] dans un seul mot. Écris-le.**

Le chanteur est accompagné par de nombreux musiciens. ...
La marraine de Cendrillon transforme la citrouille en carrosse. ...
Le mercredi après-midi, on ne va pas à l'école. ...
Sandrine porte une robe orange et blanche. ...
Avant de manger au restaurant, on regarde le menu. ...
Le vendeur nous propose un appareil pour couper le pain. ...

15 **Complète avec c ou ch.**

Emmanuel attend le ...ar pour aller à l'école. - Sur la plage, on voit un ...ar à voile. - Sabrina ...asse tous ses jouets. - L'odeur de la citronnelle ...asse les moustiques. - Ingrid range le cadeau dans une boîte en ...arton. - Attention, les ...ardons, ça pique !

16 **Complète ces phrases avec le mot qui convient.**

bouge - bouche - cage - cache - mange - manche - tige - triche

Le chat se ... sous le lit. - La ... de l'oiseau est ouverte. - Ne casse pas la ... de la fleur. - Quand elle joue, Lisiane ne ... jamais. - La ... de la chemise est trop courte. - Nourdine ne ... jamais de porc. - Ne ... pas, je prends une photo. - Peut-on parler sans ouvrir la ... ?

17 **Écris le contraire de ces adjectifs. Regarde bien les lettres qui suivent in ou im.**

prudent → imprudent

buvable	...	patient	...	perméable	...
complet	...	différent	...	possible	...
poli	...	capable	...	précis	...
fidèle	...	praticable	...	séparable	...
mangeable	...	sensible	...	mobile	...

Révision

18 Complète les phrases avec des homonymes (mots qui se prononcent de la même façon) des mots entre parenthèses. Ils ont tous une consonne double.

(guère)   La ... ne provoque que des malheurs.
(sale)   Nous sommes tous réunis dans la ... à manger.
(la pâte)   Ce lapin est blessé ; il a la ... cassée.
(le mâle)   Avant de partir en voyage, monsieur Richard fait sa ... .
(la date)   La ... est un fruit sucré que l'on cueille sur le palmier.
(un mètre)   Arnaud essaie de ... ses chaussures de foot.
(une rêne)   Le ... est un animal qui vit en Laponie.
(un hôte)   La ... du Père Noël est pleine de cadeaux.
(une arête) Le cheval s'... devant la haie et refuse de sauter.

19 Devinettes.
Tous les mots à trouver se terminent par une lettre muette.

Quand elle est « de lait », elle tombe à six ans.	la d...
Il miaule et il ronronne.	le c...
Un nombre avant quatre et après deux.	t...
Plus gros que la souris, cet animal peut mordre.	le r...
Les oiseaux y vivent.	le n...
Lorsqu'il souffle fort, c'est la tempête.	le v...
C'est le conducteur d'une moto.	un m...

20 Utilise ces mots pour compléter cette chaîne de mots. La lettre finale d'un mot est la même que la première du mot suivant.

début - sang - fusil - plomb - compas - bond - loup - nerf - tronc

| nerf | f... | ... |

21 Complète avec des noms qui commencent tous par la lettre **h**.

Dans cette ville, il y a plus de trente mille ...tants. - Pour abattre cet arbre, le bûcheron utilise une énorme ...che. - L'...bit d'Arlequin est fait avec des tissus de toutes les couleurs. - Deux fois quatre, cela fait ... . - Pour préparer la sauce de la salade, tu sors la moutarde, le vinaigre et l'...le. - Les vaches mangent de l'...be. - Grand-père raconte une ...re à ses petits-enfants. - Dans une journée, il y a vingt-quatre ...res.

ORTHOGRAPHE D'USAGE

Des sons

Le son [s] et le son [z]

observe

Quand il veut se reposer, Cédric décide souvent de regarder la télévision. Les émissions qu'il choisit, ce sont celles qui présentent des animaux sauvages, comme les gazelles et les zèbres.

retiens

Entre deux voyelles, le son [z] s'écrit **s** ou **z**.
se repo**s**er - la télévi**s**ion - choi**s**ir - pré**s**enter ; la ga**z**elle

Au début d'un mot, le son [z] s'écrit toujours **z**.
le **z**èbre - un **z**éro

Entre deux voyelles, le son [s] peut s'écrire **ss** ou **c/ç**.
l'émi**ss**ion - le ba**ss**in ; dé**c**ider - la pla**c**e - la le**ç**on

Au début d'un mot, le son [s] peut s'écrire **s** ou **c**.
se - **s**ouvent - **s**ont - **s**auvage ; **C**édric - **c**e - **c**elle

Attention, car à la fin d'un mot on n'entend pas souvent le **s**.
nous préféron**s** - les émission**s** - les zèbre**s** - le tapi**s**

exercices Corrigé p. 144

54 Lis ces mots à haute voix et classe-les.

la cuisine   la poésie   la cuisse   le raisin
la maison   l'ardoise   un oiseau   le plaisir
aussitôt   la casserole   pousser   la politesse
le chasseur   un classeur   un casier   la raison

On entend [z] : ...
On entend [s] : ...

55 Complète les mots où on entend le son [z].
Tu peux utiliser un dictionnaire.

tondre la pelou...e   une sai...on froide
se repo...er de ses efforts   regarder un maga...ine
bron...er au soleil   les cloches de l'égli...e
un lé...ard vert   de la confiture de frai...es

56 **Au début de tous ces mots on entend le son [s].**
Complète-les avec s ou c. Tu peux utiliser un dictionnaire.

une ...igarette	un ...ecret	le ...avon	la ...écurité
le ...ercle	la ...irène	la ...irculation	...érieux
le ...ang	...avoir	une ...édille	...imple
la ...erise	la ...alade	...éparer	la ...érémonie
le ...inéma	...inquante	la ...emaine	la ...einture

57 **Dans tous ces mots on entend le son [s].**
Complète-les avec s ou ss.

la nai...ance	la dépen...e	pre...que	re...ter
traver...er	une trou...e	tran...porter	le pa...age
sur...auter	intére...ant	la maître...e	lai...er
un fri...on	in...crire	un my...tère	un mon...tre

58 **Complète les mots où on entend le son [s] avec s ou c.**
Tu peux utiliser un dictionnaire.

un animal féro...e
une bonne répon...e
admirer une ...tatue
appeler la poli...e

l'héli...e d'un bateau
dan...er la val...e
aller au ...pectacle
suivre des tra...es de pas

59 **Complète les phrases avec des mots où on entend le son [z].**
Tu peux utiliser un dictionnaire.

Ce problème a plu... solutions. - Le soleil se couche à l'hori... - Dans une année, il y a d... mois. - Le ga... du terrain de football est bien vert. - Sais-tu calculer le reste d'une divi... ? - Les pirates ont caché leur tré...or au fond de la grotte.

60 **Complète les phrases avec des mots où on entend le son [s].**
Tu peux utiliser un dictionnaire.

Pascal souhaite un bon anniver... à sa maman. - Le petit lapin se cache dans le bui... . - La tempête a ca... les branches des arbres. - Tu laves la vai... et tu la ranges dans le buffet. - Le camion a roulé dans le fo... . - Lucien a offert un bra... à sa fille.

---

copie et retiens

la cuisine - la chaise - la maison - le voisin
la place - le cercle - la cerise - le cinéma - la police
la vaisselle - le buisson - glisser - le passage - la maîtresse

ORTHOGRAPHE D'USAGE

Des sons

Le son [o] et le son [ɔ]

observe

Ce ro**b**ot est f**o**rmidable : il est capable de tout ! Il conduit les **au**tomobiles, il prépare la s**au**ce de la salade, il ne fait pas de f**au**te dans ses dictées et il peut **au**ssi planter des clous avec un mart**eau**. Il ne lui manque que la par**o**le !

retiens

Le son [o] s'écrit souvent **au** et parfois **o**.
l'**au**tomobile - la s**au**ce - la f**au**te - **au**ssi ; le r**o**bot
Le son [ɔ] s'écrit **o**.
le r**o**bot - f**o**rmidable - l'aut**o**mobile - la par**o**le
Beaucoup de noms terminés par le son [o] s'écrivent **eau**.
le mart**eau** - le chap**eau** - le bat**eau**

exercices Corrigé p. 144

61 Pour chaque dessin, écris le nom qui convient.
Tu peux chercher dans un dictionnaire.

une é…    un cr…    un ch…    une ch…

62 Copie ces expressions et souligne les lettres qui font le son [o].

un fauteuil en cuir
une plume d'autruche
un beau matin d'été
une pauvre cabane
une dose de lessive

un autobus en panne
la hauteur d'un immeuble
une rose blanche
une photo en noir et blanc
se reposer après la partie

63 **Choisis les mots dans la liste pour compléter ces phrases et souligne le son [o].**

drapeau - beauté - tuyau - aujourd'hui - piano - préau

Mélanie apprend à jouer du ... . - Il n'y a pas classe ... car c'est dimanche. - La méchante reine était jalouse de la ... de Blanche-Neige. - Monsieur Glas déroule le ... d'arrosage. - Le ... français a trois couleurs : bleu, blanc, rouge. - Comme il pleut, les élèves restent sous le ... .

64 **Complète les mots avec o ou au.**

Les maçons installent un échaf...dage. - Dans l'artich...t, c'est le cœur qui est le plus tendre. - Didier achète un kil...gramme de pêches. - ...trefois, on marchait avec des sab...ts. - Le cheval s...vage part ... gal...p. - Rachel a tiré le numér... gagnant. - Devant le supermarché, on trouve des centaines de chari...ts bien alignés. - As-tu déjà goûté de la purée d'...bergines ? - Les touristes se pr...tègent du soleil sous un paras...l.

65 **Tous ces noms se terminent par le son [o].**
Utilise un dictionnaire pour les compléter car il peut y avoir des lettres muettes.

un ann...	un cach...	un écrit...	un rid...
un kimon...	un bat...	un cage...	du sir...
la radi...	un cham...	un lavab...	un maill...
un cout...	une mot...	un chât...	un réch...
un troup...	un mus...	un déf...	un bur...

66 **Complète les mots où on entend le son [o] ou le son [ɔ].**

un v...tour	la s...cisse	la ch...se	un ...rdinateur
la ch...dière	une r...be	s...lide	le rest...rant
gr...ssir	le m...teur	le pil...te	une ...t...risation
...trement	la c...rde	le s...ldat	une ...melette
l'...berge	l'éc...le	une b...sse	l'...pération
c...ser	app...rter	le studi...	le ch...c...lat

copie et retiens

la porte - la corde - la robe - l'orange - l'école - le soleil
un bureau - un château - un bateau - un drapeau - un chapeau

ORTHOGRAPHE D'USAGE

Des sons

Le son [k]

observe

Chaque mercredi, Kamel joue au tennis avec ses camarades de classe. Ses parents lui ont offert une raquette de champion. Toute l'équipe écoute les conseils de l'entraîneur.

retiens

Devant **a**, **o**, **u**, et devant une consonne, le son [k] s'écrit souvent **c**.
mercredi - camarade - la classe - écouter - le conseil - un cube

Devant **e** et **i**, le son [k] s'écrit souvent **qu**.
chaque - la raquette - l'équipe

Le son [k] peut aussi s'écrire **k**.
Kamel - un kilomètre - le parking

exercices Corrigé p. 144

67 Dans ces mots, souligne les lettres qui font le son [k].

le caramel	la plaque	inquiet	le basket
le quartier	quotidien	l'éducation	un truc
la carotte	manquer	la kermesse	marquer
un cadran	un casque	le camping	le ski
un judoka	l'élastique	une quiche	le carillon
un masque	une caisse	un placard	se piquer

68 Écris le nom qui convient sous chaque dessin. On entend le son [k].

un ...   un ...   une ...   une ...

34

69 Complète les phrases avec des mots où on entend le son [k].
Tu peux chercher dans un dictionnaire.

Nous attendons le train sur le ...ai n° 4. - Léo et Arthur portent leur ...as...ette à l'envers. - Prenez-vous le ...afé ave... ou sans su...re ? - On ne peut pas ...onfondre un éléphant et une souris. - Où as-tu perdu ton trousseau de ...lés ? - Le vendeur ...omplète les éti...ettes et renseigne les ...lients. - Anaïs mange une ...rêpe à la ...onfiture d'abri... .

70 Complète les mots où on entend le son [k].
Tu peux chercher dans un dictionnaire.

danser le ro...	utiliser une é...erre
parler ...omme un perro...et	avoir le ho...et
dormir sous une ...ouette	photographier un ...ro...odile
regarder un ...atalogue	une ...ravate à fleurs

71 Au début de tous ces mots on entend le son [k] ; complète-les. Tu peux chercher dans un dictionnaire.

le ...arton	la ...alité	une ...loche	un ...rochet
...arante	le ...alcul	un ...ompas	un ...anapé
un ...iwi	du ...etchup	un ...orsage	un ...ouloir
la ...estion	une ...antité	...elquefois	un ...amembert

72 À la fin de tous ces mots on entend le son [k] ; complète-les. Tu peux chercher dans un dictionnaire.

l'anora...	la ban...	le décli...	comi...
lors...	un aquedu...	magi...	le trafi...
la la...	le plasti...	l'Afri...	la musi...
le la...	le publi...	le hama...	le kaya...

73 Complète les phrases avec des mots où on entend le son [k].
Tu peux chercher dans un dictionnaire.

Je ne sais pas pour... l'air est si froid au sommet des montagnes. - Madame Renaud a ciré le par... de sa chambre. - L'a...teur porte une magnifi... perru... blonde. - Dans ces har... verts, il y a des fils !

copie et retiens

*le carton - le casque - le calcul - le couloir - le ski
quatre - la musique - le quartier - le masque - la queue*

ORTHOGRAPHE D'USAGE

Des sons

ge, gi, gy – gea, geo

observe

Au zoo, nous nous dirigeons vers la cage des singes. Un vieux mâle se donne de grandes gifles sur le museau ; il doit souffrir de démangeaisons. Un autre fait de la gymnastique en sautant d'une grille à l'autre.

retiens

Devant **e**, **i**, **y**, on écrit souvent **g** pour entendre le son [ʒ].
la cage - le singe - la gifle - la gymnastique

Attention : il y a des mots où le son [ʒ] s'écrit **j**.
le trajet - l'objet - le sujet

Pour entendre le son [ʒ] devant **a** ou **o**, il faut placer un **e** après le **g**.
nous nous dirigeons - la démangeaison

exercices Corrigé p. 144

74 Sous chaque dessin, écris le nom qui convient.

un pl…   la b…   un m…   une l…

75 Complète ces mots avec

ge ou gi
une horlo…   fra…le
la na…oire   le siè…
la ré…on   le cortè…
la …lée   un ca…ot

j ou g
le don…on   le ré…ime
la pla…e   le verti…e
…oli   un bi…ou
le …ardin   une épon…e

copie et retiens

le plongeon - le pigeon - le bourgeon - la nageoire
le genou - un geste - l'étage - la cage - la gifle

ORTHOGRAPHE D'USAGE

Des sons

ga, go, gu – gue, gui

observe

La patineuse endure la fati**gue** car elle a suivi un entraînement ri**go**ureux. La musique **gui**de ses fi**gu**res élé**ga**ntes.

retiens

Devant **a**, **o**, **u**, la lettre **g** se prononce [g].
élé**ga**nte - ri**go**ureux - la fi**gu**re
Devant **e** et **i**, il faut placer un **u** après le **g** pour conserver le son [g].
la fati**gue** - **gui**der

exercices   Corrigé p. 144 et p. 145

76 Copie ces mots et souligne les lettres qui font le son [g] : g ou gu.

gourmand	la guirlande	la gauche	le magasin
la vague	le garage	un gosse	régulier
le guide	le gâteau	regarder	rigoler
goûter	naviguer	le guépard	guetter
la graine	le gant	la longueur	le wagon
le gazon	la guitare	le guichet	la guerre

77 Complète les phrases avec des mots où on entend le son [g].

En mangeant, Georgina s'est mordu la lan… . - Les piqûres de …pe, ça fait très mal ! - Pour effacer les traits du crayon, Johan utilise une … . - La salade est un lé… vert. - Les ba… de monsieur Saunier sont restés dans l'avion. - Monter au vingtième étage quand l'ascenseur est en panne, c'est fati… ! - Le dra… est un animal fabuleux qui crache du feu.

copie et retiens

la langue - la vague - la bague - la guêpe - la guerre
le guide - le guichet - la guitare - se déguiser - une guirlande

ORTHOGRAPHE D'USAGE

Des sons

in – ein – ain – aim

observe

Sylv**ain** a terminé son dess**in**. Le long d'un chem**in**, à côté d'un moul**in** à vent, il a placé un petit âne chargé de sacs pl**ein**s de gr**ain**s. Dem**ain**, il p**ein**dra les ailes en blanc et le ciel en bleu.

retiens

Le son [ɛ̃] s'écrit souvent **in**.
le dessin - le chemin - le moulin

Mais le son [ɛ̃] peut aussi s'écrire **ain, ein, aim**.
Sylvain - le grain - demain ; plein - peindre ; la faim

Attention, devant **b, m, p**, le **n** devient **m**.
le timbre - important - impossible - immangeable

exercices Corrigé p. 145

78 Sous chaque dessin, écris le mot qui convient.

un s…    un t…    une m…    un m…

79 Dans tous ces mots on entend le son [ɛ̃]. Complète-les avec **ain, ein, in, im**. Tu peux utiliser un dictionnaire.

m…tenant	le refr…	le lap…	le rav…
le g…	le bass…	un jard…	…primer
le l…ge	le vacc…	le parr…	le rais…
…prudent	cert…	une ét…celle	le loint..

copie et retiens

la main - le pain - le train - le grain - le bain
le frein - la ceinture - la peinture - le sapin - le matin

ORTHOGRAPHE D'USAGE

Des sons

ei, ai

observe

Il neige depuis une semaine mais les enfants de monsieur Seigneur sont heureux car ils peuvent faire des bonhommes de neige.

retiens

Le son [ɛ] s'écrit parfois **ai** ou **ei**.
il neige - Seigneur ; la semaine - mais - faire
Comme il n'y a pas de règle pour trouver la bonne écriture, il faut regarder dans un dictionnaire quand on a un doute.

exercices Corrigé p. 145

80 Classe ces mots et encadre les lettres qui font le son [ɛ].
un peigne - la maison - treize - le portrait - la veine - la caisse - freiner - mauvais - frais - le contraire - la baleine - le raisin - la reine - vraiment - plaire - solitaire - beige - le militaire - le maire - le vinaigre
Le son [ɛ] s'écrit **ei** : ...
Le son [ɛ] s'écrit **ai** : ...

81 Complète ces mots avec ai ou ei. Utilise un dictionnaire.

la gr...ne	se rens...gner	l'annivers...re	r...de
la r...son	un b...gnet	gr...sser	s...ze
la font...ne	la l...ne	l'hal...ne	une g...ne

82 Tous ces mots se terminent par le son [ɛ].
Utilise un dictionnaire pour les compléter.

le bal...	un obj...	le pal...	la cr...
le l...	le siffl...	la monn...	la for...
l'ess...	le souh...	la p...	le mar...

copie et retiens

le lait - faire - la graine - la raison - la maison - la laine
la neige - la reine - la veine - la peine - treize - seize

39

ORTHOGRAPHE D'USAGE

Des sons

an, am – en, em

observe

Vêtu d'un pantalon blanc, le chanteur entre en scène accompagné d'un roulement de tambour. Des admiratrices tentent d'approcher la vedette pour l'embrasser.

retiens

Le son [ã] peut s'écrire **an** ou **en**.
un pantalon - blanc - le chanteur
entrer - en - un roulement - tenter

Attention, devant **b**, **m** et **p**, la lettre **n** est remplacée par un **m**.
le tambour - embrasser

Comme il n'y a pas de règle pour trouver la bonne écriture, il faut regarder dans un dictionnaire quand on a un doute.

exercices Corrigé p. 145

83 **Complète ces mots avec an ou en.** Utilise un dictionnaire.

| dim...che | le l...demain | l'or...ge | s'...dormir |
| le cal...drier | un alim...t | ...core | la br...che |

84 **Tous ces mots se terminent par le son [ã].**
Utilise un dictionnaire pour les compléter.

| l'océ... | un serp... | transpar... | un par... |
| le torr... | un inst... | souv... | charm... |

85 **Complète ces mots avec an, am ou en, em.**
Utilise un dictionnaire.

| le ch...pignon | déc...bre | ...porter | ...fermer |
| le d...tiste | l'...bul...ce | un ...ployé | le print...ps |

copie et retiens

blanc - la branche - un chanteur - une orange - dimanche
prendre - entrer - vendre - s'endormir - encore - le ventre

40

Révision

22 **Complète chaque phrase avec le mot qui convient.**
Tu peux utiliser ton dictionnaire.

pouce - pousse
Monsieur Sarnin ... sa voiture.
Benoît lève le ... .

cousin - coussin
Arnaud joue avec son ... .
Le chat dort sur son ... .

désert - dessert
Les camions traversent le ... du Sahara.
Je dévore ce ... des yeux.

23 **Dans cette grille, il y a neuf mots où on entend le son [s].**
Retrouve-les.

E	P	I	C	E	W	Z
R	A	C	I	N	E	H
X	S	A	V	A	N	T
N	S	T	A	D	E	A
B	A	S	S	I	N	S
G	N	J	O	B	D	S
V	T	O	U	S	S	E

passant
...
...
...
...

...
...
...
...

24 **Devinettes. Tous les noms à trouver se terminent par le son [o].**

S'il est noir, on écrit dessus avec une craie.   le ta...
Avec sa coquille, il ne va pas très vite !   l'esc...
Il supporte souvent des fils électriques.   le po...
Il a deux roues, des pédales et pas de moteur.   le vé...
C'est le mâle de la vache.   le tau...
S'il est coupé, on n'entend plus rien !   le mic...
Au loto, si l'on a les six bons numéros on gagne le gros.   le l...
Un instrument pour écrire qui a parfois une bille.   un sty...

25 **Pour compléter ces phrases, trouve des noms qui se terminent tous par -quet.**

Papa achète un p... de lessive.
La chèvre est attachée au p... .
Pour chasser ton h..., bois un verre d'eau.
Quand on n'a pas d'allumettes, on prend un b... .
Frida offre un b... de fleurs à son amie Andréa.
Le petit lapin s'est réfugié dans le bos... .

Révision

26 **Complète les phrases en t'aidant des dessins.**

Monsieur Louis prend un esc... .

La p... de la veste est déchirée.

Jessy joue du vi... .

Quel dés... dans cette chambre !

27 **Mots croisés.**

Horizontalement
1. Il recouvre le moteur d'une voiture.
2. Le contraire d'un ennemi.
3. On la vaporise sur les cheveux pour les fixer.
4. *lui* dans le désordre.
5. Une saison chaude.

Verticalement
A. Maman en fait souvent un petit à son bébé.
B. Un *lama* à l'envers.
C. Une des couleurs du jeu de cartes.
E. Un arrêt au cours d'une bataille.

	A	B	C	D	E
1	C	A	P	O	T
2					R
3				Q	
4					V
5	N				

28 **Complète ces phrases avec des mots terminés par *-ge*.**

Les alpinistes arrivent enfin au ref... .
Après le CM2, les élèves vont au co... .
Le renard est pris au pi... .
La famille Lemain habite dans un petit vi... de la Creuse.
La voiture a dérapé dans un vi... .
Rebecca étale du ci... sur ses chaussures.
Assoiffée, Mélissa boit un verre de jus d'or... .
Le touriste éch... ses dollars contre des euros.

29 **Change les lettres de place pour trouver un nouveau mot où on entendra le son [g] ou le son [ʒ].**

la grange ➔ gagner

la magie	➔ une im...	la rage	➔ la g...
grande	➔ le dan...	un bourgeois	➔ des boug...
agile	➔ un ai...	rigide	➔ il dir...
le rivage	➔ le vir...	un orgue	➔ rou...

42

Révision

30 *Complète avec le mot qui convient. Lis-les d'abord à haute voix.*

teint - tient
Le conducteur ... son volant à deux mains.
Madame Leroy ... ses cheveux en noir.

rien - reins
Dans cette vitrine, ... ne me plaît.
Monsieur Raymond a mal aux ... .

sein - sien
La maman donne le ... à son bébé.
Messan admire ce vélo car le ... n'est pas aussi léger.

plainte - pliante
Je m'assois sur une chaise ... .
On entend la ... d'un animal blessé.

31 *Dans cette chaîne de lettres, retrouve huit noms où on entend le son [s] ; copie-les avec un article.*

POUSSINCEINTUREGAMINDINDEPATINREFRAINTIMBREFAIM

le ...   la ...   le ...   la ...
le ..   le ...   le ...   la ...

32 *Complète avec le mot qui convient. Utilise un dictionnaire.*

fête - faites
Aujourd'hui, c'est ma ..., on m'offre des cadeaux.
Vous ... un détour pour ne pas vous mouiller les pieds.

faire - fer
Il faut ... son travail avant d'aller jouer.
Le mécanicien répare le moteur avec un fil de ... !

mère - maire
Je vais au cinéma avec ma ... .
Le ... de la commune porte une écharpe tricolore.

taire - terre
Il faut te ... et bien écouter les consignes.
La ... de ce jardin est très fertile.

43

ORTHOGRAPHE D'USAGE

Des difficultés

Des mots qui ne changent jamais

observe

Aujourd'hui, la météo prévoit un temps couvert. La température ne restera **pas longtemps au-dessous** de zéro. Il y aura **beaucoup** de vent **mais** il ne pleuvra **pas avant demain**. Prenez **quand même** un parapluie !

retiens

Dans une phrase, un certain nombre de mots s'écrivent toujours de la même façon : ils sont **invariables**.
aujourd'hui - pas - longtemps - au-dessous - beaucoup - mais - avant - demain - quand - même
Comme ils sont très courants, il faut connaître parfaitement leur orthographe.

exercices Corrigé p. 145

86 Complète ces phrases avec avant ou après.
Dans l'alphabet, la lettre *h* se trouve ... la lettre *i*. - ... de jeter un objet, il vaut mieux savoir s'il peut encore servir. - ... neuf heures, les enfants arrivent en retard à l'école. - ... beaucoup d'efforts, j'ai réussi à réparer ce jouet. - Si vous plantez des graines, trois semaines ..., elles germent. - ... le lever du soleil, tout est encore noir.

87 Complète ces phrases avec chez ou dans.
Coralie fait un saut ... la piscine. - Viens ... moi et nous jouerons aux dominos. - Madame Salvy est allée ... le coiffeur. - ... les Écossais, les hommes portent parfois des jupes. - Les lettres de ce mot ne sont pas écrites ... le bon ordre. - Le cavalier est ... une mauvaise position et il risque de tomber.

88 Complète ces phrases avec toujours ou jamais.
Au Sahara, il ne neige ... . - On dit que les absents ont ... tort. - Quand il voit une personne inconnue, ce chien aboie ... . - Au feu rouge, les conducteurs doivent ... s'arrêter. - Une voiture à six roues, je n'en ai ... vu !

89 Complète les phrases avec ces mots invariables.
parfois - sous - pendant - déjà - sans - maintenant

À dix mois, ce bébé marche … ; c'est un futur champion de course à pied ! - Monsieur Tournier a dormi … tout le film. - Autrefois, il fallait une semaine pour aller en Amérique, … il suffit de quelques heures. - Juan est resté un quart d'heure … la douche. - Il y avait … des petits cailloux dans les lentilles. - Jean-Baptiste a répondu … prendre le temps de réfléchir.

90 Complète les phrases avec ces mots invariables.
enfin - debout - entre - hier - demain - bientôt - longtemps

… je regardais un match de basket. - … nous serons en vacances. - Le motard se faufile … les voitures ; c'est dangereux. - Le voyage a été long mais nous sommes … arrivés. - Il faisait si chaud dans cette pièce que je n'y suis pas resté … . - Si Roxane continue à s'appliquer, … elle saura nager. - Pendant tout le trajet, de nombreuses personnes ont voyagé … .

91 Écris ces phrases en remplaçant les mots en gras par leur contraire.
toujours - derrière - après - maintenant - beaucoup - moins

Le rayon des vêtements est situé **devant** les caisses. - Souad **ne** va **jamais** à l'école à pied. - Nous regarderons le feuilleton **avant** la publicité. - Les élèves monteront **plus tard** en classe. - Avant les fêtes de fin d'année, il y a **peu** de monde dans les magasins. - Ce meuble pèse **plus** de trente kilos.

92 Complète les phrases avec ces mots invariables.
lorsque - comme - vers - rien - contre - plusieurs - avec

L'arbitre se dirige … le joueur qui a fait une faute. - Le tennis est un sport qui se joue … une raquette. - Ce problème a … solutions. - Cette valise est pleine … un œuf ! - … les pneus d'une voiture sont usés, il faut les changer. - Le cycliste pose son vélo … le mur. - Il n'y a … à faire, ce texte est illisible.

---

copie et retiens

chez - avec - dans - pour - avant - après
sous - sur - devant - derrière - toujours - jamais

ORTHOGRAPHE D'USAGE

Des difficultés

Des mots qui se ressemblent

observe

Le magicien tord d'abord une barre de **fer** puis il se dirige **vers** un tapis où il y a des morceaux de **verre**. Il marche dessus **sans faire** la grimace ; on dirait qu'il ne **sent** rien.

retiens

Certains mots ont la **même prononciation** mais ils ne s'écrivent pas de la même façon et ils ne veulent pas dire la même chose.
une barre de **fer** - **faire** la grimace
vers le tapis - un morceau de **verre**
sans faire la grimace - il ne **sent** rien (ne rien sentir)
Pour bien les écrire, il faut regarder le sens de la phrase.

exercices Corrigé p. 145

93 Aide-toi des dessins pour compléter chaque phrase.
Tu peux utiliser un dictionnaire.

Monsieur Forgemont remplit son … .
Le cheval fait un … prodigieux.

Fabrice donne un … de pied dans le ballon.
Saïd porte une écharpe autour du … .

Manuel … un grand verre d'eau.
Monsieur Narnio cherche des champignons dans le … .

94 Dans chaque phrase, encadre les deux mots qui se prononcent de la même façon.

En attendant le passage de la petite souris, Laura a placé sa dent dans une boîte en carton. - Mon père ne perd jamais ses clés. - J'attends le car depuis au moins un quart d'heure. - Après le cours de musique, nous pouvons jouer dans la cour. - Le maître va mettre les ordinateurs en marche. - C'est vraiment la première fois que je mange du foie de veau !

95 Complète chaque phrase par un mot qui se prononce de la même façon que le mot en couleur.
Tu peux chercher dans un dictionnaire.

ouvrir une boîte de thon
lire un texte à haute voix
avoir les cheveux roux
la selle du cheval
rester assis vingt minutes
la patte du chien
être au bord de la mer

M. Hoquet ... sa pelouse.
Koffi habite près de la ... ferrée.
Il faut changer la ... de la brouette.
Verse un peu de ... sur le gratin.
Jean ne boit jamais de ... .
Leslie prépare la ... à crêpes.
La ... Michel a perdu son chat.

96 Complète chaque couple de phrases par deux mots qui se prononcent de la même façon.
Tu peux chercher dans un dictionnaire.

Les bateaux de pêche rentrent au po... .
Les musulmans ne mangent pas de viande de po... .

Un r... tire le traîneau du Père Noël.
La méchante r... n'aimait pas Blanche-Neige.

Croyant voir un fantôme, Éloi pou... un cri.
À deux ans, Clémentine suçait encore son pou... .

Les spectateurs attendent la f... du concert pour applaudir.
Le matin, même si l'on n'a pas f..., il faut bien déjeuner.

Quel est le pr... de cette cafetière électrique ?
Ninon a pr... l'ascenseur et moi l'escalier.

copie et retiens

le bord de la mer ; aimer sa mère ; le maire du village
une paire de chaussures ; le Père Noël
un ver de terre ; un verre d'eau - une grosse voix ; la voie ferrée

Révision

33 *Devinettes.*
Dans tous ces noms on entend le son [ã].

Sans elle, on ne pourrait ni parler, ni manger !	la l…
La saison qui voit sortir les bourgeons.	le prin…
Un endroit où sont plantées beaucoup de tentes.	le c…
Il y a un premier et un dernier.	le class…
Pour en acheter, on va chez le boucher.	de la vi…
C'est le jour qui suit le samedi.	le di…
Il fait du pain.	le boul…
Elle a des paroles et de la musique.	une ch…
Sa trompe est vraiment grosse.	l'éléph…

34 *Les lettres de ces mots invariables sont dans le désordre. Écris-les comme il faut puis complète les phrases.*

QDUAN - ACEV - MSOIN - PORU - TSER - URS

… l'heure de la récréation sonnera, nous sortirons jouer. - Il y a une image … ce paquet de bonbons. - Dans ce magasin, les vêtements sont … chers. - Il faut prendre la passerelle … traverser l'autoroute. - En hiver, les Lapons ont … froid. - L'oiseau se pose … la branche.

35 *Complète les grilles avec les lettres des mots invariables.*

Le cochon se roule D☐☐☐ la boue.
Manon attend D☐☐☐☐ S dix minutes D☐☐☐☐ T la grille du stade.
Un bon pêcheur ne part J☐☐☐☐☐ sans emporter sa canne et son épuisette.
Antonin dispose ses livres S☐☐ son bureau.
Monsieur Berger a trouvé une vieille table C☐☐☐ un brocanteur.
Le cinéma se trouve E☐☐☐☐ la place Mathias et le boulevard de la Poste.

36 *Écris le contraire des expressions en utilisant ces mots invariables.*

tard - droite - sous - dedans - sans - vite - peu - près

tourner à **gauche**	…	poser **sur** l'étagère	…
partir **avec** son cartable	…	courir **doucement**	…
être **loin** de l'arrivé	…	rester **dehors**	…
manger **beaucoup** de pain	…	se coucher **tôt**	…

Révision

37 Aide-toi des dessins pour compléter les phrases avec un mot invariable.

La moto attend ... le camion.
Monsieur Cahuet a ... de pommes à éplucher.
La tortue est arrivée ... le lièvre.
Il n'y a ... d'eau dans cette piscine ; ne plonge pas !

38 Complète ces phrases avec **le** ou **la**, **il** ou **elle**.
Tu peux chercher dans un dictionnaire.

... loup est un animal qui fait peur.
Léo arrose ... rang de fraisiers.
... se plaint du bruit de la rue.
... gel a détruit les récoltes.
Malik imite ... cri de la chouette.
Je regarde ... film du dimanche.
J'écoute souffler ... vent.

... loue un appartement à Paris.
... rend la monnaie.
L'automobiliste a fait ... plein.
Ce matin, ... gèle.
... crie plus fort que nous.
... filme ses amis.
... vend des bouquets de fleurs.

39 Ajoute une lettre au mot en couleur pour compléter l'expression avec un mot qui se prononce de la même façon. Utilise un dictionnaire.

la **cane** et ses canetons → marcher avec une **canne**
le long **cou** de la girafe — donner un ... de sifflet
entrer **par** la porte — manger une ... de gâteau
le mois de **mai** — jouer, ... après avoir fait son travail
un **flan** au caramel — se coucher sur le ...
un **pin** parasol — couper un morceau de ...
écrire la **date** — avaler le noyau d'une ...

40 Complète chaque série d'expressions par des mots qui se prononcent de la même façon. Tu peux utiliser un dictionnaire.

deux fois dix font v...
se m... au soleil
une goutte de s...
se baigner dans la m...
un ch... de blé
la c... de récréation

une bouteille de v...
le m... d'école
rester s... bouger
le m... de la ville
le ch... de l'oiseau
le c... de français

un billet de v... euros
un m... pliant
vivre c... ans
une gentille m...
travailler au ch...
un manteau trop ...

49

Révision

41 Les mots en couleur sont mal orthographiés.
Copie les phrases en corrigeant les erreurs.

Quand il pleut, on ne sort pas (sang) son parapluie.
Il y a de la (bout) dans le chemin.
Le cuisinier (serre) un poulet à la crème.
Le gardien de but arrête la (bal).
Ingrid reste des heures dans la (sale) de bains.
Ma (tente) Amélie travaille dans un bureau.
Marianne place les fleurs dans un (peau).

42 Aide-toi des dessins pour compléter chaque phrase.
Tu peux utiliser un dictionnaire.

Douze est un nombre ... .
Laurent choisit une ...
de chaussures de foot.

Monsieur Rassac ... un chèque.
Le ... blanc glisse sur l'étang.

Ne boit pas cette ... ;
elle n'est pas potable.
Le panier est trop ... ;
Peggy ne marquera pas.

Le ... se couvre, rentrons vite !
Nous avons perdu la partie : ... pis !

2

Orthographe grammaticale

ORTHOGRAPHE GRAMMATICALE

Le nom et l'adjectif

Le nom commun et le nom propre

observe

Monsieur Hamon a quitté Toulouse pour s'installer dans la ville d'Aurillac, dans le Cantal. Il a trouvé un logement dans le quartier des Saules et un travail dans le garage Fernier.

retiens

Le nom commun désigne des êtres, des faits ou des objets d'une même espèce.
la ville - un monsieur - un logement - le quartier - un travail - le garage

Le nom propre désigne un être, un lieu ou un objet en particulier.
*monsieur **Hamon** - **Toulouse** - **Aurillac** - le **Cantal** - les **Saules** - le garage **Fernier***

Le nom propre commence toujours par une majuscule.

exercices Corrigé p. 145

97 Classe ces noms et souligne les majuscules des noms propres.

le chemin - la Belgique - un frère - la gloire - les Français - une histoire - la Loire - un visiteur - le rire - Cendrillon - un trottoir - les Pyrénées - Marseille - le dîner - une figure - Karine - Mozart - la mairie - l'ogre - Molière - une porte - les Alpes

noms communs : ...
noms propres : ...

98 Écris le nom propre correspondant à chaque dessin.

la tour Eiffel - le Titanic - Blanche-Neige - la France

....

99 **Copie chaque phrase en remplaçant le nom commun en couleur par un nom propre.**

Maxime - la Bretagne - Pasteur - Ariane - Séverine - la Corse - Robert Sabatier

Le bateau arrive en vue de l'île.- Une fille peut devenir policier. - Ce garçon apprend à jouer du piano. - Le savant a découvert un vaccin. - La fusée a été lancée du centre spatial de Kourou, en Guyane française. - Beaucoup de touristes visitent la région. - Cet écrivain a écrit un livre qui raconte la vie d'un petit garçon prénommé Olivier.

100 **Dans ces phrases, il manque la première lettre de tous les noms. Complète-les en mettant une majuscule aux noms propres.**

Pour ...oël, la ...amille ...habert est réunie autour du ...apin. - Les ...aulois avaient peur que le ...iel leur tombe sur la ...ête. - Certaines ...uits, on aperçoit les ...toiles de la ...rande ...urse. - Tu lis volontiers les ...ventures de ...antômette. - Un ...usée est installé dans le ...hâteau du ...ouvre. - L'...mpereur ...apoléon Ier est allé en ...gypte pour faire la ...uerre contre les ...urcs.

101 **Écris un nom propre à côté de chaque nom commun. N'oublie pas les majuscules.** Tu peux t'aider d'un dictionnaire.

une ville	➔ ...	une montagne	➔ ...
un pays	➔ ...	un écrivain	➔ ...
un prénom	➔ ...	un sportif	➔ ...
un fleuve	➔ ...	un président	➔ ...

102 **Copie ce texte en plaçant toutes les majuscules qui ont été oubliées.**

Avec son ami pierre, michel prend le métro à la station république pour aller au stade de gerland voir un match de football. L'équipe de france rencontre celle d'espagne. Ils sont contents car thierry henry va jouer avec le numéro 10. Avant le début de la partie, l'arbitre, monsieur védrine, appelle les deux capitaines qui se serrent la main.

copie et retiens

Paris - Lyon - Marseille - Toulouse - Lille - Nice
la Seine - le Rhône - la Loire - la Garonne
les Alpes - les Pyrénées - la Bretagne - l'Alsace - la Provence

ORTHOGRAPHE GRAMMATICALE

Le nom et l'adjectif

Le masculin et le féminin des noms

observe

Dorothée et ses **amies** font des projets d'avenir. L'une veut être **costumière**, une autre **chercheuse**, une troisième **musicienne**. Mais la **directrice** leur conseille d'abord de bien travailler à l'école pour réussir.

retiens

Les noms devant lesquels on peut mettre **le (l')** ou **un** sont masculins. Ceux devant lesquels on peut mettre **la (l')** ou **une** sont féminins.
un projet - *un* avenir - *un* métier ; *une* école - *une* idée

On peut former le féminin des noms en ajoutant un **e** au nom masculin.
*un ami - une ami**e** ; un voisin - une voisin**e***

Mais il y a d'autres terminaisons.
*le costumier - la costumi**ère** ; le chercheur - la cherch**euse** ;
le musicien - la musici**enne** ; le directeur - la dire**ctrice***

En cas de doute, il faut utiliser un dictionnaire.

exercices Corrigé p. 146

103 Écris le nom du métier qu'exerce chaque femme.

une cai... 　　　une cui... 　　　une chan...

une cav... 　　　une coi... 　　　une hôt... de l'air

104 Écris l'article un ou une devant ces noms.

... rivière ... carte ... sucre ... barbe
... histoire ... plume ... route ... animal
... costume ... croix ... arbre ... papier
... chambre ... journal ... remarque ... usine

105 Écris les noms féminins correspondant à ces noms masculins.

un ami → une amie

un surveillant ... un ours ... un saint ...
un mendiant ... un passant ... un client ...
un marchand ... un gamin ... un cousin ...

106 Écris les noms féminins correspondant à ces noms masculins.

un sorcier → une sorcière

un ouvrier ... un écolier ... un postier ...
un étranger ... le premier ... un infirmier ...
un gaucher ... un berger ... un boucher ...

107 Écris les noms féminins correspondant à ces noms masculins.

un danseur → une danseuse

un campeur ... un vendeur ... un skieur ...
un patineur ... un coureur ... un nageur ...
un menteur ... un joueur ... un voyageur ...

108 Écris les noms féminins correspondant à ces noms masculins.

un directeur → une directrice

un aviateur ... un décorateur ... un lecteur ...
un spectateur ... un admirateur ... un éducateur ...
un instituteur ... un moniteur ... un électeur ...

109 Écris les noms féminins correspondant à ces noms masculins.

un chien → une chienne

un paysan ... un collégien ... un espion ...
un patron ... un lion ... un magicien ...

---

copie et retiens

la chienne - la chatte - la cousine - la voisine - une gamine
la vendeuse - la skieuse - la caissière - l'infirmière - une directrice

ORTHOGRAPHE GRAMMATICALE

Le nom et l'adjectif

Le singulier et le pluriel des noms

observe

Sur la piste, des **clowns** aux **cheveux** rouges lancent des **anneaux** à des **acrobates** en équilibre sur des **tabourets**. L'exercice est difficile car, en même temps, ils font tourner des **tuyaux** avec leurs **pieds**.

retiens

Pour former le pluriel des noms, on ajoute souvent un **-s**.
des clowns - les pieds - des acrobates - des tabourets

Les noms terminés par **-eau**, **-au** et **-eu** prennent un **-x** au pluriel.
les anneaux - les tuyaux - les cheveux

Attention ! Certains noms ont déjà un **s** ou un **x** au singulier.
le temps - le repos - le prix - la croix

exercices Corrigé p. 146

110 Place l'article **un** ou **des** devant ces noms.

... nombre	... cahier	... stylos	... mouton
... risques	... dessins	... verre	... volant
... parents	... mots	... chants	... jours
... timbres	... spectateurs	... poulet	... arbre

111 Place l'article **une** ou **des** devant ces noms.

... planches	... dinde	... perles	... rose
... mains	... pluie	... barques	... chemises
... tartine	... lettres	... surprise	... couverture
... boucles	... jambe	... bataille	... usines

112 Écris ces noms au pluriel.

la maison → les maisons

la rue	le magasin	l'escalier	la fenêtre
la cuisine	le camion	la porte	le livre
le chien	le garage	la voiture	la classe
la ville	le billet	la pièce	le ballon
le crayon	la photo	l'appareil	le carnet

113 Écris ces noms au pluriel.

une branche → des branches

un homme	un lion	une route	un chat
un lapin	une plante	un ordre	une parole
une image	un film	une poupée	une salade
une fille	un avion	un crayon	une lampe
une goutte	une lettre	une idée	un escalier

114 Place l'article le ou les devant ces noms.

... tableaux	... jeu	... ruisseau	... noyaux
... préau	... rideaux	... neveu	... gâteau
... aveux	... chapeau	... lieux	... adieux
... feu	... pinceaux	... châteaux	... milieu

115 Écris ces noms au pluriel.

le boyau	le dieu	le chameau	le poireau
l'ouvrier	le train	le morceau	le détail
le rouleau	le groupe	la cloche	le seau
le poisson	le ciseau	le rayon	la parole

116 Écris les mots en couleur au pluriel ; attention à l'accord des verbes.

Le conducteur regarde le panneau au bord de la route. - Bastien découvre un cadeau au pied du sapin. - Madame Renaud achète une bouteille d'huile d'olive. - À la fête foraine, l'enfant admire le manège. - Tu plies le torchon et la serviette. - La voiture stationne sur le trottoir.

117 Entoure seulement les noms au pluriel.

des tas de pierres
le palais du roi
le repas de midi
une petite souris
faire des essais
un groupe d'enfants
un permis de conduire
des tournois de pétanque
des chaussures de sport
des pneus pour la pluie
le paradis des oiseaux
des numéros de téléphone

---

copie et retiens

*les oiseaux - les bateaux - les bureaux - les tableaux - les poteaux
le dos - le bois - le mois - le repas - le tapis
la paix - la noix - le prix - le choix*

ORTHOGRAPHE GRAMMATICALE

Le nom et l'adjectif

Le masculin et le féminin des adjectifs

observe

Juliette est une **jeune** fille **sportive**, très **sérieuse**. Elle n'est jamais **absente** à l'entraînement. **Vêtue** d'une combinaison **spéciale**, très **légère**, elle espère gagner la **prochaine** course **régionale**.

retiens

On forme souvent le féminin de l'adjectif qualificatif en ajoutant un **-e** à l'adjectif masculin.
absent - absent**e** ; vêtu - vêtu**e** ; spécial - spécial**e**

Attention, il y a parfois une modification de la terminaison de l'adjectif au féminin.
sportif - sport**ive** ; sérieux - sérieu**se** ; léger - lég**ère**

L'adjectif s'accorde **toujours** avec le nom qu'il accompagne.

exercices Corrigé p. 146

118 Complète les expressions avec ces adjectifs féminins.

postale - meilleure - exacte - profonde - violente - débutante - ancienne - creuse - ronde

ma ... amie   une ... crevasse   une table ...
une carte ...   une réponse ...   une maison ...
une chanteuse ...   une dent ...   une ... averse

119 Accorde les adjectifs au féminin.

emprunter un passage étroit   → emprunter une rue étroite
boire un bouillon brûlant   → boire une soupe ...
laisser le portail ouvert   → laisser la porte ...
manger du poisson froid   → manger une viande ...
faire un mauvais choix   → faire une ... affaire
traverser un village désert   → traverser une ville ...
trouver un résultat différent   → trouver une solution ...
tracer un trait droit   → tracer une ligne ...

120 Accorde les adjectifs au féminin.

rencontrer un homme heureux → rencontrer une femme heureuse
avoir un geste gracieux → avoir une démarche ...
regarder un film ennuyeux → regarder une émission ...
souhaiter un heureux anniversaire → souhaiter une ... fête
avoir un caractère joyeux → avoir une vie ...

121 Accorde les adjectifs au féminin.

porter un beau costume → porter une belle robe
étaler un produit épais → étaler une peinture ...
réparer un vieux vélo → réparer une ... bicyclette
couper un long fil → couper une ... ficelle
installer un rideau blanc → installer une tenture ...

122 Accorde les adjectifs au féminin.

porter un nouveau maillot → porter une nouvelle chemise
couper du bois mort → couper une branche ...
apercevoir un poisson vif → apercevoir une truite ...
manger un fruit sec → manger une figue ...
rencontrer un animal peureux → rencontrer une biche ...
avoir un rêve fou → avoir une idée ...

123 Complète les phrases avec les adjectifs entre parenthèses ; accorde-les.

(content) Corinne est ... car elle part en vacances.
(parfait) Lucas a rendu un travail ... à son professeur.
(bon) Julie a une ... place, juste devant la scène.
(rond) Maintenant, tout le monde sait que la Terre est ... .
(long) Vous ferez une ... promenade.
(gratuit) Tu as une place ... pour aller au cinéma.

124 Écris ces groupes au féminin.

un jour triste et pluvieux → une journée triste et pluvieuse
un ami fidèle et généreux   un vendeur serviable et compétent
un petit garçon distrait   un voisin bavard et familier
un gros chien pas méchant   un chat câlin et obéissant

copie et retiens

long - longue ; petit - petite ; gros - grosse ; gris - grise
chaud - chaude ; rond - ronde ; doux - douce
joyeux - joyeuse ; heureux - heureuse ; sérieux - sérieuse

ORTHOGRAPHE GRAMMATICALE

Le nom et l'adjectif

Le singulier et le pluriel des adjectifs

observe

Pour éteindre les incendies **violents**, les pompiers portent des vêtements **spéciaux** et de **nouveaux** casques **légers** mais très **solides**. Ils utilisent de **puissantes** pompes qui envoient d'**énormes** jets d'eau.

retiens

Au pluriel, les adjectifs qualificatifs prennent souvent un **-s** et quelquefois un **-x**.
un incendie violent - des incendies violent**s** ; un nouveau casque léger mais très solide - de nouveaux casques léger**s** mais très solide**s** ; une puissante pompe - de puissante**s** pompes ; un énorme jet - d'énorme**s** jets

Attention, car certains adjectifs qualificatifs ont des terminaisons particulières au pluriel.
un vêtement spéci**al** - des vêtements spéci**aux**

L'adjectif s'accorde toujours avec le nom qu'il accompagne.

exercices Corrigé p. 146

125 Sous chaque dessin, écris l'adjectif qui convient.

jeunes - majuscules - fragiles - rapides

de ... chatons   des voitures ...

des lettres  ...   des objets ...

126 Écris ces groupes de mots au pluriel.

un jouet cassé → des jouets cassés

une récolte abondante
un sourire moqueur
un appareil ménager
une fleur jaune
une température moyenne

un produit invendable
un nom masculin
une entrée libre
un défilé militaire
une formule magique

127 Accorde les adjectifs ; regarde bien les noms qu'ils accompagnent.

planter un clou pointu → planter des clous pointus

lire un livre intéressant → lire des magazines ...
porter un vêtement léger → porter des chaussures ...
prendre un train spécial → prendre des mesures ...
ne pas faire un geste brutal → ne pas faire de gestes ...
résoudre un problème difficile → résoudre des opérations ...
avoir un ami généreux → avoir des parents ...

128 Écris ces groupes de mots au pluriel.

un produit laitier → des produits laitiers

un son musical
un chèque postal
un repas familial
une lumière douce
un signal lumineux
un animal capricieux

un traitement médical
un homme inquiet
un combat loyal
un spectateur content
un joli tableau
un fruit juteux

129 Complète les phrases avec les adjectifs entre parenthèses ; accorde-les.

(sérieux)   Je crois que vos propositions sont ... .
(beau)   Ils profitent des ... jours pour aller se promener.
(épais)   Pour skier, Tania porte d'... moufles.
(manuel)   En classe, nous faisons des travaux ... .
(bon)   L'équipe de volley a obtenu de ... résultats.
(étrange)   La nuit, on entend parfois des bruits ... .
(gentil)   Les ... fées embrassent la Belle au bois dormant.

---

copie et retiens

sérieux - généreux - lumineux - capricieux - juteux
familial - général - loyal - musical - médical

ORTHOGRAPHE GRAMMATICALE

Le nom et l'adjectif

Quelques déterminants

observe

Ce soir, Nathalie va à **la** salle **des** fêtes avec **sa** sœur. Devant **la** porte, elles retrouvent **leurs** amies. Après **quelques** minutes d'attente, **le** spectacle commence. **Plusieurs** musiciens accompagnent **le** chanteur. **Quelle** soirée magnifique !

retiens

Pour accorder le nom, il faut chercher le déterminant qui le précède et qui nous renseigne souvent sur le genre et le nombre.
la salle - **des** fêtes - **la** porte - **le** spectacle - **le** chanteur

Attention, car il y a d'autres déterminants que les articles.
ce soir - **sa** sœur - **leurs** amies - **quelques** minutes - **plusieurs** musiciens - **quelle** soirée

exercices Corrigé p. 147

130 Complète ces phrases avec le déterminant qui convient.

ma - mon - ta - ton - sa - son - notre - votre - leur

Je crois bien que j'ai perdu ... montre dans la cour de récréation. - Les élèves ont quitté ... salle de classe à quatre heures et demie. - Le roi s'installe dans ... magnifique château. - J'ai cassé la mine de ... crayon de couleur. - Nous défendons ... camp pour ne pas perdre la partie. - Peux-tu me prêter ... téléphone portable un moment ? - Le chien dort toutes les nuits dans ... niche. - Tu fais souvent le ménage dans ... chambre. - À quel étage se trouve ... appartement ?

131 Complète ces phrases avec le déterminant qui convient.

mes - tes - ses - nos - vos - leurs

Le premier jour de classe, ... parents nous accompagnent à l'école. - Caroline fait ... devoirs avant d'aller s'amuser. - Êtes-vous à l'aise dans ... nouvelles chaussures de sport ? - Tu laves ... cheveux très souvent. - Les petits lapins remuent ... oreilles. - J'allonge ... jambes sous la table pour me reposer.

132 **Complète ces phrases avec le déterminant qui convient.**
ce - cette - cet - ces
J'aimerais bien voir ... film. - ... animal est très gentil. - ... gros nuages noirs annoncent un orage. - ... bague est en or.

133 **Complète ces phrases avec le déterminant qui convient.**
quelle - quel - quelles - quels
Dans ... pays se trouve la ville de Paris ? - Aujourd'hui, il a fait un temps magnifique : ... belle journée ! - Les guépards courent vite ; ... animaux fantastiques ! - Sur ... montagnes y a-t-il toujours de la neige ?

134 **Regarde bien les déterminants et accorde les noms, si nécessaire.**

mon coffret...   cette cheminée...   ce dictionnaire...
ces client...   mes cousin...   ton épaule...
leurs exploit...   notre drapeau...   son écriture...
cet éléphant...   tes doigt...   leur idée...

135 **Regarde bien les déterminants et accorde les noms et les adjectifs, si nécessaire.**

nourrir quelques petit... oiseau...   n'apercevoir aucune étoile...
aller au marché... forain...   abattre tous les arbre... mort...
parler aux personne... inconnu...   aimer certains gâteau... sec...

136 **Complète ces phrases avec le nom entre parenthèses que tu accorderas.**

(ordre)   Tu as rangé tes livres dans n'importe quel ... .
(poteau)   Au bord de la route, ces ... signalent un virage.
(gymnase)   Tous les samedis, Martial va au ... .
(habitude)   Ma grand-mère ne veut pas changer ses ... .
(melon)   Il y a quelques ... au rayon des fruits et légumes.

137 **Complète ces phrases avec le nom entre parenthèses que tu accorderas.**

(coureur)   Tous les ... sont fatigués car l'étape a été longue.
(barreau)   Tu t'accroches aux ... de l'échelle.
(hauteur)   À quelle ... se trouve le panneau de basket ?
(solution)   Les élèves trouvent plusieurs ... à ce problème.
(bouton)   Il ne manque aucun ... à ta veste.

copie et retiens

plusieurs jours - quelques semaines - chaque année - aucun message
ce prénom - cet animal - cette famille - ma date de naissance

ORTHOGRAPHE GRAMMATICALE

Le nom et l'adjectif

L'écriture des nombres

observe

Bianca et ses amies préparent le spectacle de fin d'année qui devrait être au point d'ici **quinze** ou **dix-huit jours**. Le professeur de danse leur montre les mouvements en comptant : **un, deux, trois, quatre, cinq, six, sept** et **huit**.

retiens

Quelques mots suffisent pour écrire tous les noms de nombres.
un - deux - trois - quatre - cinq - six - sept - huit - neuf - dix
onze - douze - treize - quatorze - quinze - seize
vingt - trente - quarante - cinquante - soixante - cent - mille

À l'exception de **vingt** et **cent** dans certains cas, ces mots ne prennent ni la marque du féminin, ni celle du pluriel. Ils sont invariables.

exercices Corrigé p. 147

138 À côté de chaque nombre écrit en lettres, place le nombre écrit en chiffres.

75 - 17 - 44 - 82 - 39 - 70 - 52 - 91 - 26 - 51 - 23 - 78

quatre-vingt-deux	82	soixante-dix-huit	...
cinquante et un	...	quarante-quatre	...
vingt-six	...	cinquante-deux	...
soixante-dix	...	vingt-trois	...
dix-sept	...	quatre-vingt-onze	...
trente-neuf	...	soixante-quinze	...

139 Écris ces nombres en lettres.

14 pages → quatorze pages

12 secondes	...	7 groupes	...
32 cartes	...	13 litres	...
10 doigts	...	25 élèves	...
23 morceaux	...	19 kilogrammes	...
17 points	...	11 lampes	...
16 étages	...	39 marches	...

140 **Aide-toi des dessins pour compléter chaque phrase par le nombre qui convient ; écris-le en lettres.**

Il y a ... bougies sur le gâteau d'anniversaire.
Une voiture à ... roues, ça n'existe pas !
La ville de Caen se trouve encore à ... kilomètres.
Il y a ... couleurs sur le drapeau français.
Avec ses ... ballons, Lara va s'envoler !
Malik offre ... roses à sa maman.

141 **Complète ces phrases par le nombre qui convient.**

trente-six - cinquante-deux - quarante - quinze - cinquante - treize

Une équipe de rugby est formée de ... joueurs, sans compter tous les remplaçants ! - Le clown a reçu un coup sur la tête, il voit ... chandelles ! - On dit qu'être ... à table, cela porte malheur. - Dans une année, il y a ... semaines. - Ali-Baba a découvert le trésor des ... voleurs. - En ville, la vitesse est limitée à ... kilomètres à l'heure.

142 **Complète ces phrases par le nombre qui convient ; écris-le en lettres.**

Dans un mètre, il y a ... centimètres. - Les ... mois de l'année portent tous un nom. - Saviez-vous qu'une araignée a ... pattes ? - Un triangle est une figure qui a ... côtés. - Connais-tu le nom des ... saisons ? - Dans une journée, il y a ... heures. - Blanche-Neige a vécu dans la maison des ... nains. - L'année se termine le ... décembre.

copie et retiens

dix - onze - douze - treize - quatorze - quinze - seize
vingt - trente - quarante - cinquante - soixante - cent - mille

ORTHOGRAPHE GRAMMATICALE

Le nom et l'adjectif

Les accords dans le groupe du nom

observe

Sur la base aérienne de Melay, on découvre des petits avions de tourisme qui transportent des passagers pressés à l'autre bout de la France. Il n'y a qu'une piste étroite couverte d'herbe mais cela suffit pour décoller dans de bonnes conditions.

retiens

Dans un groupe du nom, il y a un nom principal avec un déterminant et des adjectifs qui s'accordent avec lui.
la base aérienne - des petits avions - des passagers pressés - une piste étroite couverte - de bonnes conditions

Le nom principal et son déterminant sont les seuls mots que l'on ne puisse pas supprimer.
Sur la base, on découvre des avions.   Il n'y a qu'une piste.

Attention ! Au groupe du nom peuvent se rattacher d'autres mots qui ne s'accordent pas obligatoirement avec lui.
*sur la base aérienne **de Melay** - des petits avions **de tourisme** - une piste étroite couverte **d'herbe***

exercices Corrigé p. 147

143 Écris ces groupes du nom au pluriel.

ton classeur neuf → tes classeurs neufs

un bon souvenir
ta petite bague
ton maillot rouge
ma meilleure amie

ce mystérieux parc désert
cette minuscule fleur bleue
ce long et fatigant voyage
cet affreux masque noir

144 Écris ces groupes du nom au singulier.

des soirées calmes et reposantes → une soirée calme et reposante

ces pommiers fleuris
nos cassettes préférées
ces vélos légers
des volets roulants

ces fromages frais et crémeux
ces nouvelles usines géantes
des vents froids et violents
des signatures illisibles

66

145 Complète ces groupes avec un nom principal de ton choix que tu accorderas.

vos ... préférés
une ... brûlante
un ... glacé
ces ... amusantes
des ... rares

leur ... douillet
mes fidèles ...
de douces ...
cet ... inutile
sa dernière ...

des ... prudents
cette gentille ...
un ... naturel
tes ... jaunes
un ... géant

146 Copie ces phrases en écrivant les noms en couleur au pluriel et accorde les autres mots.

On ne domptera jamais cet animal trop sauvage. - Le musicien porte un magnifique vêtement noir. - Que veut dire ce feu clignotant ? - En écoutant la nouvelle histoire, vous avez eu une curieuse réaction. - Monsieur Ninand a rencontré un vieil agriculteur breton. - Dans cette vallée tranquille, il y a encore une petite maison grise.

147 Copie ces phrases en remplaçant les noms en couleur par ceux entre parenthèses ; accorde les déterminants et les adjectifs.

(tisane)   Le soir, madame Lenoir boit un café chaud et sucré.
(semaine)   Nous sommes restés un jour entier au bord de la mer.
(place)   Les enfants font du vélo sur le parking goudronné.
(rayon)   Les jouets brillent dans la vitrine illuminée.
(touche)   Lorène appuie sur le premier bouton de l'interphone.

148 Complète les groupes du nom avec les mots qui conviennent.

à hélices - à réaction - de Lyon - de poche - de viande - d'hiver - de tennis - de marin - à bille

Notre classe fait un séjour dans une station de sport ... . - Pour écrire, il y a longtemps que l'on utilise des stylos ... . - Les avions ... vont plus vite que les avions ... . - Gabriel visite les principaux monuments ... . - Le boucher découpe une énorme tranche ... . - Pourquoi tous ces jeunes gens portent-ils des casquettes ... ? - Quand l'électricité est coupée, je prends une lampe ... . - Pour Noël, Bruno a eu une nouvelle raquette ... .

---

copie et retiens

un maillot - une bague - un voyage - une signature - un musicien
brûler ; la brûlure, brûlant ; la nature ; naturel

Révision

43 En face de chaque nom commun, écris un nom propre correspondant.

une marque de yaourt	...	une montre	...
une chaîne de télévision	...	un appareil photo	...
une moto	...	un chanteur	...
une ville	...	un continent	...
un désert	...	un quartier	...

44 Donne le nom de cinq villes de France et de cinq pays d'Europe. *Tu peux chercher dans un dictionnaire ou un livre de géographie.*

villes de France : ... ...
pays d'Europe : ... ...

45 Copie ces phrases et encadre les noms. Classe les noms féminins et masculins.

La traversée de l'autoroute est interdite. - L'oubli d'un numéro de téléphone n'est pas grave. - L'appartement de l'immeuble situé au huitième étage bénéficie d'une vue magnifique. - Tu nous as donné immédiatement la bonne réponse. - Verse un peu de crème sur ce gâteau au chocolat. - Il n'y a pas une seule arête dans cette tranche de poisson. - Le chat a déchiré le rideau de la salle à manger.

noms féminins : ...
noms masculins : ...

46 Écris le nom masculin correspondant à chaque nom féminin. *Tu peux utiliser un dictionnaire.*

la sœur → le frère

la fille	...	la mère	...	la femme	...
la copine	...	une poule	...	la reine	...
une princesse	...	une maîtresse	...	la brebis	...
la vache	...	une tante	...	une louve	...
la comtesse	...	une sportive	...	une dinde	...
une déesse	...	une lionne	...	une nièce	...

47 Trouve dix noms masculins cachés dans cette grille.

L	A	C	E	T	M	B
A	O	I	S	E	A	U
M	U	R	V	N	R	T
P	A	Q	U	E	T	X
I	J	U	K	H	E	W
O	P	E	R	A	A	Y
N	P	A	R	F	U	M

Révision

48 Complète ces expressions avec un nom pluriel.

un vase de fl...
une pièce de vingt cent...
un trousseau de cl...
des gât... à la crème
l'appartement de mes par...
des sty... à bille
les rid... du salon

un paquet de bon...
un magasin de vêt...
le creux des vag...
les doi... de la main
les r... de la voiture
des roul... de papier
une mèche de che...

49 Écris ces noms au pluriel et place-les dans la grille.

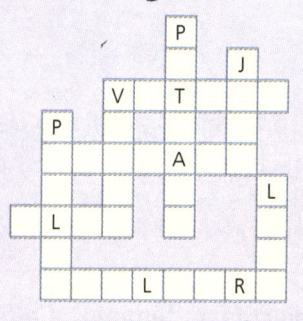

le poteau
la vitre
l'île
le soulier
le vase
l'oiseau
le jeu
le lit
la poule

50 Complète avec les adjectifs entre parenthèses ; accorde-les.

(lourd)   un terrain lourd   une caisse lourde   un paquet lourd
(plat)   un chemin ...   une route ...   une assiette ...
(gris)   un temps ...   une couleur ...   un costume ...
(fort)   une ... tempête   un homme ...   une odeur ...
(chaud)   une saison ...   du lait ...   de l'eau ...
(clair)   un ciel ...   une matinée ...   une voix ...
(entier) un pain ...   une heure ...   l'année ...
(court)   une jupe ...   un manteau ...   une manche ...

51 Complète avec l'adjectif qui convient.

magnifique - belle
L'acrobate réalise un ... saut périlleux.
La danseuse porte une ... robe rose.

rouge - verte
Lorsque le feu est ..., les voitures s'arrêtent.
J'aime la couverture ... de ce livre.

énorme - fraîche
Élise dévore un ... sandwich.
Romain met de la crème ... sur son fromage blanc.

libre - habituelle
Il ne reste pas un seul emplacement ... sur ce parking.
L'autobus stationne à sa place ... .

69

Révision

52 *Classe ces adjectifs dans le tableau.*
jaloux - inutile - froids - longs - heureux - précis - mécontents - menteur - amusants - gris - creux - régionaux - mondial - curieux - nouveaux - célèbres

adjectifs au singulier	adjectifs au pluriel	adjectifs pour lesquels on ne peut pas savoir

53 *Classe ces adjectifs dans le tableau.*
brûlante - blonde - aveugle - absent - inconnue - chaud - complet comique - acide - amer - bizarre - immobile - lente - sèche - honnête formidable - humide - lisse - pointue - menue - moyenne - triste - nature

adjectifs au féminin	adjectifs au masculin	adjectifs pour lesquels on ne peut pas savoir

54 *Copie ces expressions en écrivant les nombres en lettres.*
les 31 jours du mois de mars
déplacer les 65 chaises de la salle
fêter ses 19 ans
escalader les 16 étages à pied
rester 25 secondes sans respirer
peser 45 kilogrammes
acheter un carnet de 48 pages
répartir les 66 élèves en 6 équipes
connaître les 7 notes de la gamme
partir à 18 heures

55 *Complète ces groupes avec des noms de ton choix que tu accorderas si le sens le permet.*
un sac de billes → au pluriel car il y a **plusieurs** billes dans le sac
un sac de sable → au singulier car il y a **du** sable dans le sac
une collection de ...
deux litres de ...
un bouquet de ...
des jeux de ...
une brosse à ...
trois livres de ...
des patins à ...
des chaussures en ...
un bonnet de ...
deux paquets de ...
un collier de ...
un cahier de ...

Révision

56 Complète ces phrases en écrivant les nombres entre parenthèses en lettres.

(150) Monsieur Dintrans signe un chèque de ... euros.
(1 000) Dans cet immeuble, il y a plus de ... habitants.
(95) ... coureurs ont pris le départ de l'étape du Tour de France.
(250) Le chef de rayon a rangé les ... boîtes de conserve.
(360) ... billets ont été vendus pour la représentation de mardi.
(218) La fusée arrivera sur Mars dans ... jours.
(640) Ce livre est énorme ; il a ... pages !

57 Transforme ces expressions selon le modèle. Fais bien attention à l'accord des adjectifs.

couper du pain → du pain coupé

fermer des portes ...   cacher des trésors ...
laver des vêtements ...   dépenser de l'argent ...
retrouver des clés ...   briser des branches ...
respecter un règlement ...   soulager une douleur ...
arracher une dent ...   vider des verres ...
cultiver des champs ...   gonfler un pneu ...

58 Complète ces phrases par *au* ou *aux*.

Du linge est étendu ... fenêtres. - Les invités dégustent une bonne tarte ... fraises. - Gervais va ... supermarché avec ses parents. - Le camion s'arrête ... stop. - Les enfants jouent ... dominos. - Les voitures sont ... départ du grand prix. - Le trottoir est réservé ... piétons. - Les bateaux rentrent ... port. - Je mange une omelette ... lardons.

59 Regarde bien ces déterminants et accorde les noms.

(meuble)   ce meuble   plusieurs meubles   chaque meuble
(billet)   ces ...   quel ... ?   ton ...
(modèle)   votre ...   quelques ...   mes ...
(partenaire) vos ...   aucun ...   tes ...
(mouchoir)   mon ...   leurs ...   différents ...
(raison)   cette ...   quelles ... ?   nos ...
(espoir)   aucun ...   cet ...   ses ...

ORTHOGRAPHE GRAMMATICALE

Le verbe

L'accord du verbe avec son sujet

observe

Pour Pâques, **nous décorons** des œufs. **Noémie prépare** la peinture pendant que **les garçons dessinent** des motifs sur les coquilles. **Je pose** doucement les œufs terminés dans un panier pour ne pas les casser.

retiens

Le verbe s'accorde, en personne et en nombre, avec le sujet. On trouve le sujet en posant la question « qui est-ce qui ? » devant le verbe.

Qui est-ce qui **prépare** ?
→ *Noémie* → 3e personne du singulier

Qui est-ce qui **dessinent** ?
→ *les garçons* → 3e personne du pluriel

Qui est-ce qui **pose** ?
→ *je* → 1re personne du singulier

Qui est-ce qui **décorons** ?
→ *nous* → 1re personne du pluriel

exercices Corrigé p. 147

149 Dans ces phrases, souligne les verbes et encadre les sujets.

Les pêcheurs relèvent leurs filets. - Nous trouverons du muguet dans les bois. - Je respirerai le bon air des montagnes. - Vous versez de la pâte dans le gaufrier. - Tu poses ta bicyclette contre le mur. J'ai avalé un noyau de cerise. - Dans le parc, nous admirons de magnifiques statues de marbre.

150 Dans ces phrases, écris les verbes entre parenthèses au présent.

Nous (chercher) la solution du problème. - Cet appartement (être) à vendre. - Je (terminer) mon exercice de français. - Monsieur Léo (promener) son chien. - Tu (déchirer) ta feuille de papier. - Les filles (disputer) un match de basket. - Les camions (transporter) des cageots de légumes.

151 **Remplace les sujets en couleur par des pronoms personnels.**

Nadine récite une poésie. → Elle récite une poésie.
Rémi échange ses billes contre des images. - La partie débute avec dix minutes de retard. - Léa et Marie rangent le matériel de peinture. - Les chevaux galopent dans la prairie. - Les pelouses sont tondues toutes les semaines. - Mes cousines collectionnent les cartes postales. - L'ouvrier déroulera la moquette. - Les drapeaux flottent au vent. - Les deux premiers méritent une récompense.

152 **Transforme ces phrases comme dans les exemples.**

Le rideau se lève. → C'est le rideau qui se lève.
Les étoiles brillent. → Ce sont les étoiles qui brillent.

Les vendeurs attendent les clients. ...
Mes parents écoutent la radio. ...
Les moteurs des voitures polluent les villes. ...
Joyce Chardon gagne la course. ...
Les jeux vidéo intéressent les enfants. ...
Le radar contrôle la vitesse des véhicules. ...

153 **Dans ces phrases, écris les verbes entre parenthèses au présent.**

Nous (réchauffer) nos doigts gelés. - Tu (hésiter) à prendre ce raccourci. - L'ogre (chausser) ses bottes de sept lieues. - Je (poser) les opérations. - Les élèves (chanter) à la chorale. - Benjamin (retourner) ses poches à la recherche de ses clés. - Vous (avoir) beaucoup de chance à ce jeu. - Je (faire) mon lit tous les matins. - Les joueurs (aller) au stade pour s'entraîner.

154 **Dans ces phrases, écris les groupes de mots en couleur au pluriel et accorde les verbes (fais bien attention aux temps).**

Le médecin soigne les malades. - La caissière enregistre les achats des clients. - Chaque hiver, la rivière déborde. - Le nuage cachera le soleil. - Le clown amuse les enfants. - Le présentateur parle trop vite. - Pour jouer au rugby, le ballon est ovale. - Le conducteur a bouclé sa ceinture de sécurité.

---

copie et retiens

le tournoi - le roi - le convoi - la loi - l'emploi
le mois - le bois - le chamois - le bourgeois
le poids (d'un objet) - (manger) des petits pois

ORTHOGRAPHE GRAMMATICALE

Le verbe

Les pronoms personnels sujets

observe

À la bibliothèque, **on** choisit des livres. **Ils** sont rangés sur les rayons. **Je** préfère les contes de fées alors que **tu** adores les histoires d'animaux. **Vous** n'imaginez pas comme **nous** aimons ce moment ; **il** apporte beaucoup de bonheur.

retiens

Dans la conjugaison, on utilise des pronoms personnels sujets.
Je, tu, il, elle, on sont des pronoms personnels singuliers.
je préfère - tu adores - il apporte - on choisit

Nous, vous, ils, elles sont des pronoms personnels pluriels.
nous aimons - vous imaginez - ils sont rangés

Je et **nous** désignent les personnes qui parlent.

Tu et **vous** désignent les personnes auxquelles on parle.

Il, elle, ils, elles désignent les personnes desquelles on parle.

exercices Corrigé p. 148

155 **Dans ces phrases, indique si le pronom personnel sujet est une personne du singulier ou du pluriel.**

Tu dormiras toute la nuit. → singulier

Je démonte le poste de radio. ... Elle a collé des images. ...
Ils cueillent des jonquilles. ... Elles jouent de la guitare. ...
Il change souvent de place. ... Vous riez de bon cœur. ...
Tu visites le château de Blois. ... Nous partirons à midi. ...

156 **Complète ces phrases avec le pronom personnel qui convient. Regarde bien tous les mots de la phrase.**

... demandez un peu d'aide à vos amis. - ... utilises ta calculatrice pour multiplier ces deux nombres. - ... surveille l'arrivée de son autobus. - ... ouvrent leur courrier avec impatience. - ... classerai mes cassettes de films cet après-midi. - ... suivra son idée jusqu'au bout. - ... soufflons sur nos frites pour les refroidir.

157 **Complète ces phrases avec le pronom personnel qui convient.**

Didier parle à Thierry :
« Pourquoi déroules-… le tuyau d'arrosage ? »
Sonia parle d'elle :
« … reçois trop de publicité. »
Anne-Charlotte parle de Sophie :
« … lit des histoires de fantômes. »
Pierre et Cécile parlent d'eux :
« … versons du ketchup sur nos frites. »
Samuel et Caroline parlent à Omar et Estelle :
« … écrivez avec des stylos-feutres. »
Stéphanie et Émilie parlent de Lucie et de Myriam :
« … portent de magnifiques jupes plissées. »
Quentin et Victor parlent de Brice et de Kévin :
« … partent ensemble pendant les vacances. »

158 **Remplace les mots en couleur par des pronoms personnels.**

Les spectateurs encouragent leur équipe.
→ Ils encouragent leur équipe.

Le savant invente une nouvelle machine pour remplir les bouteilles. - Les aspirateurs ne fonctionnent plus. - La lune disparaît derrière les nuages. - Les boîtes aux lettres sont remplies de journaux publicitaires. - Grâce à leur long cou, les girafes mangent les feuilles des arbres. - La poule pond un œuf.

159 **Dans ces phrases, remplace les mots en couleur par un pronom personnel.**

C'est moi qui fais la vaisselle. → Je fais la vaisselle.

C'est toi qui découpes le morceau de carton. - C'est lui qui photographie les animaux. - C'est elle qui nage sur le dos. - C'est nous qui beurrons les tartines. - Ce sont elles qui grimpent le long de la falaise. - C'est vous qui étalez la pâte de la tarte. - C'est moi qui flâne rue Saint-Antoine. - Ce sont eux qui épluchent les pommes pour préparer de la compote.

copie et retiens

une idée - une arrivée - une cheminée - une vallée - une armée - de la purée - une soirée - une journée - une année - une allée

Révision

60 Dans ces phrases, écris les sujets en couleur au singulier et accorde les verbes (fais bien attention aux temps).

Les oiseaux volent autour des maisons. - **Mes amis** participeront au tournoi de judo. - **Les cosmonautes** montent dans la fusée. - **Les clients** font la queue devant la caisse. - **Les bébés** empilent les cubes les uns sur les autres. - **Les mécaniciens** vont réparer le moteur. - **Les petits chats** miaulent devant la porte. - **Les saucisses** grillent sur le barbecue.

61 Aide-toi des dessins pour compléter ces phrases avec un verbe que tu accorderas au présent.

Le jardinier ... ses salades.

Les passants ... la voiture en panne.

Nous ... aux cartes.

Tu ... une cuisse de poulet.

62 Transforme selon le modèle.

le claquement des portes → Les portes claquent.

le chant du rossignol
l'arrivée des coureurs
la marche des randonneurs
la piqûre des moustiques
la diminution des prix
le bourdonnement des abeilles

le cri des animaux
le plongeon du dauphin
le craquement de la branche
le commencement de l'émission
le ronflement du moteur
le clignotement des feux

63 Dans ces phrases, encadre le groupe sujet et souligne le nom principal (celui avec lequel le verbe s'accorde).

Le <u>fils</u> de mes voisins joue de l'accordéon.
Les trois jeunes campeurs s'installent dans leur duvet.
Les fenêtres du salon s'ouvrent sur le parc.
Un taxi jaune et bleu s'arrête devant chez nous.
Un pot de confiture reste sur le rayon.
Les acteurs de ce film parlent anglais.
Les ustensiles de cuisine sont en plastique.

Révision

64 *Dans ces phrases, remplace les mots en couleur par un pronom personnel.*

L'église est fermée car l'**église** est en réparation.
L'église est fermée car **elle** est en réparation.

Ce magazine donne les programmes de télévision et **ce magazine** coûte un euro. - Les montagnes sont hautes et **les montagnes** sont difficiles à escalader. - Cette couverture est en laine et **cette couverture** tient très chaud. - Ce couteau est pointu et **ce couteau** peut vous piquer les doigts. - Tes lunettes sont légères et **tes lunettes** te permettent de lire de près. - Les merles sautillent dans l'allée du jardin et **les merles** picorent quelques graines.

65 *Complète ces phrases avec les pronoms personnels qui conviennent. Regarde bien tous les mots des phrases.*

… prépare ses affaires de sport. - … a cassé son vase de fleurs en le déplaçant. - … stationnent sur le parking de la mairie. - … sont mûrs et … pouvons les manger sans crainte. - … boucles ta ceinture de sécurité. - … agitez vos mouchoirs pour dire au revoir à vos amis. - … réparent la grande voile de leur bateau déchirée par le vent. - En automne, … tombent des arbres. - … ne portez pas vos bijoux quand … nagez.

66 *Dans cette grille, retrouve tous les pronoms personnels sujets que tu connais. Tu peux utiliser plusieurs fois les mêmes lettres.*

W	T	U	Z	V	I
C	Y	O	K	O	L
J	X	N	O	U	S
E	L	L	E	S	H

pronoms singuliers :
…   …   …   …   …

pronoms pluriels :
…   …   …   …

67 *Remplace les pronoms personnels en couleur par des noms ; regarde bien le sens des phrases.*

Il porte de belles plumes vertes et rouges.
Le perroquet porte de belles plumes vertes et rouges.

Il pénètre dans la cage aux lions. - **Elles** coulent sur le visage de Florent qui pleure. - **Ils** défilent au son du tambour. - **Elle** transforme la citrouille en carrosse. - **Ils** aboient dès qu'un inconnu s'approche. - **Elles** ont peur que le chat les mange. - **Elle** donne l'heure. - Au cirque, **il** fait rire les enfants.

77

ORTHOGRAPHE GRAMMATICALE

Des mots à ne pas confondre

est - et

observe

Mon chien Domino **est** noir avec une tache blanche sur le dos. Il a le poil brillant **et** une petite queue qu'il remue tout le temps. Il **est** fidèle **et** il aboie dès qu'il me voit. C'**est** vraiment un ami.

retiens

Il ne faut pas confondre :
est : verbe **être** au présent. On peut le remplacer par **était, sera**.
*Mon chien **est** (**était, sera**) noir. - C'**est** (c'**était**, ce **sera**) un ami.*

et : mot invariable. On peut le remplacer par **et puis**.
*Il est fidèle **et** il aboie. - Il est fidèle **et** (**et puis**) il aboie.*

exercices Corrigé p. 148

160 Choisis les mots qui conviennent pour terminer ces phrases.

Camille - blanc - pointu - dangereuse - Bordeaux - sûrement - à la vanille - sa canne à pêche

Le pêcheur prend ses bottes et … . - Les spectateurs regardent un film en noir et … . - Le train s'arrêtera à Toulouse et à … . - Le merle a un bec jaune et … . - Tu commandes une glace à la pistache et … . - L'équilibriste avance sur le fil lentement et … . - Je suis assise entre Audrey et … . - La chaussée est glissante et … .

161 Copie ces phrases en écrivant les mots en couleur au pluriel.

Cette maison est en brique. - Le lapin est parmi les poules. - Le disque est entre les cassettes et les journaux. - Le gâteau est à la crème. - Le musicien est sur la scène. - Le tunnel est en réparation. - L'assiette est sur la table. - Ce jouet est en bois. - Le rêveur est dans les nuages. - Le crayon est dans la trousse.

162 Complète les légendes par est ou et.

Le requin ... un poisson dangereux.

un pantalon ... un blouson

La fenêtre ... ouverte.

Sophie ... Thomas

163 Copie ces phrases en remplaçant et par et puis.

La brouette est remplie de terre et de cailloux. - Claire adore les histoires de fées et de lutins. - Mathieu fait un bonhomme de neige et des glissades. - David a mal au bras et à l'épaule. - Il pleut, alors les limaces et les escargots sortent.

164 Dans ces phrases, écris les verbes en couleur au présent.

Ce saucisson était trop sec. - Ce papier était épais et solide. - Vania était l'amie de Jennifer et de Katie. - Le train était en avance. - Monsieur Vallin était descendu à la cave. - Guillaume n'était pas rentré et Maman était inquiète.

165 Complète ces phrases par est ou et.

La chouette ... un oiseau de nuit. - Le bébé ... dans son bain ... il joue. - Le lion ... au bord de la rivière ... il dort. - Février ... le mois le plus court de l'année. - La salle de sport ... chauffée ... bien éclairée. - L'ordinateur ... en panne ... l'écran reste noir.

166 Dans ces phrases, écris les mots en couleur au singulier ; n'oublie pas d'accorder les autres mots.

Les pompiers sont devant l'incendie. - Les pilotes sont aux commandes de l'avion. - Les canards sont au bord de l'étang. - Les draps sont dans l'armoire. - Les rôtis sont dans le four. - Les rues sont en travaux. - Les prix sont en baisse.

copie et retiens

la rue - la grue - l'avenue - la tenue - la morue - la revue
un avis - un permis - un croquis - un tapis - un colis

ORTHOGRAPHE GRAMMATICALE

Des mots à ne pas confondre

à - a

observe

Julien **a** mal à la cheville. Il n'ira pas **à** la piscine aujourd'hui et il reste **à** la maison. Son copain Fabien lui **a** offert un album **à** colorier et de la pâte **à** modeler pour le distraire.

retiens

à, avec un accent grave, est un **mot invariable**.
*mal **à** la cheville - **à** la piscine - **à** la maison - **à** colorier - **à** modeler*

a, sans accent, est le verbe **avoir** au présent.
On peut le remplacer par **avait, aura**.
*Julien **a** (**avait, aura**) mal à la cheville.*

exercices   Corrigé p. 148

167 **Conjugue à toutes les personnes du présent de l'indicatif.**

avoir soif
avoir le sourire
avoir de la mémoire
avoir des achats à faire
avoir envie de lire
avoir froid

168 **Conjugue à toutes les personnes du passé composé.**

tourner à droite
dîner à midi
fermer la porte à clé
chanter à voix haute
sauter à la corde
gagner à la loterie

169 **Écris les verbes en couleur au présent de l'indicatif.**

Abel **avait** un jeu électronique. - Le train **avait** du retard. - Cette chemise **avait** des manches courtes. - Carlos **avait** les jambes lourdes. - Cédric **avait** un stylo neuf. - Le camion **avait** une énorme remorque. - Sandrine **avait** faim. - Le clown **avait** un pantalon déchiré. - Le chanteur **avait** besoin d'un micro.

170 **Complète ces phrases par a ou à.**

Laura ... ouvert son livre ... la page 10. - Florian ... du chagrin, il pleure ... chaudes larmes. - Madame Garnier ... garé sa voiture ... l'ombre d'un arbre. - Le vent ... arraché les tuiles du garage. - Héléna ... dévoré un gros gâteau ... la crème fraîche. - Ce matin, monsieur Ravat ... le temps, il va travailler ... pied.

171 **Écris les verbes en couleur au présent de l'indicatif.**

Pour son anniversaire, Jessy *aura* un violon neuf. - Ce coureur *aura* de l'avance. - Dimitri *aura* une place à côté de la mienne. - Zohra *aura* rendez-vous avec ses amies à la piscine. - Yvon *aura*-t-il la force de transporter ce lourd carton de livres ?

172 **Complète ces phrases par a ou à.**

Le lièvre ... de grandes oreilles. - Paulin ... envie de pêcher ... la ligne. - Madame Faustin ... tricoté des dizaines de pulls ... la main. - Dominique ... une montagne de linge ... repasser. - Il n'y ... rien ... dire, ce travail est parfait. - Monsieur Testa ... trouvé la porte de la mairie fermée ; ... dix heures, c'est étonnant !

173 **Écris les noms en couleur au singulier et fais les accords.**

Les oiseaux ont des plumes multicolores. - *Les loups* ont de grandes dents. - *Les skieurs* ont froid aux mains. - *Les pompiers* ont *des casques* pour se protéger du feu. - *Les acteurs* ont toujours le sourire. - *Les biscuits* ont un goût de miel. - *Les cavaliers* ont des bottes en cuir. - *Les caissières* ont toujours de la monnaie.

174 **Complète ces phrases par a ou à.**

Adeline ... fait un grand voyage, elle est allée ... Pékin. - Joris ... une préférence pour les glaces ... la vanille. - Le filet ... renvoyé la balle et le joueur ... perdu un point. - Le Petit Chaperon rouge ... rencontré le loup dans la forêt. - Dans le train fantôme, Aurore ... eu très peur et elle ... crié. - Naïma apprendra peu ... peu ... jouer de la flûte. - Le téléphone ... sonné mais personne n'... répondu.

---

copie et retiens

la glace - la place - la trace - la menace - la limace
la tasse - la passe - la masse - la chasse - la classe

ORTHOGRAPHE GRAMMATICALE

Des mots à ne pas confondre

son - sont

observe

Tous les mardis, Angélique suit **son** cours de gymnastique. Elle enfile **son** collant et elle rejoint **son** groupe. Quand toutes les élèves **sont** prêtes, les exercices commencent ; ils ne **sont** pas difficiles. Les professeurs **sont** tous très gentils.

retiens

son est un **déterminant** qui accompagne un nom.
On peut le remplacer par **ses**.
son cours (*ses* cours) - *son* collant (*ses* collants) - *son* groupe (*ses* groupes)

sont est le verbe **être** au présent.
On peut le remplacer par **étaient, seront**.
Les élèves **sont** (**étaient, seront**) prêtes. - Ils ne **sont** pas (**n'étaient** pas, ne **seront** pas) difficiles. - Les professeurs **sont** (**étaient, seront**) tous très gentils.

exercices Corrigé p. 148

175 **Complète les phrases avec ces mots.**

lit - ordinateur - village - magasin - terrier - ticket de caisse - dossard
Le coureur a perdu son … : il allait trop vite ! - Chaque matin, Aude fait son … . - Gersende utilise son … pour écrire ses lettres. - À la sortie du supermarché, madame Leroux regarde son … . - Le lapin a quitté son … . - Monsieur Le Moigne est le dernier habitant de son … . - Le commerçant ferme son … à dix-neuf heures.

176 **Complète selon le modèle.**

(pied)	son pied	mon pied	ton pied	ses pieds
(épaule)	son …	mon …	ton …	ses …
(oreille)	son …			
(bras)	son …			
(doigt)	son …			
(genou)	son …			

177 Aide-toi des dessins pour compléter les légendes avec son ou sont.

Les oiseaux ... prisonniers du mazout.

Le paon fait admirer ... plumage.

Pierre regarde ... écran.

Les tuyaux ... percés.

178 Copie ces phrases en écrivant les noms en couleur au singulier.

Le berger soigne ses moutons. - Bernard prend ses repas au restaurant scolaire. - Corentin fait ses devoirs. - Barnabé ouvre ses cadeaux avec beaucoup de précaution. - M. Durand écoute ses messages sur sa boîte vocale. - Le pêcheur relève ses filets.

179 Copie ces phrases en écrivant les verbes en couleur au présent.

Alisson et ses parents étaient assis au premier rang. - Les motos étaient à vendre. - Les légumes étaient frais. - Les violettes étaient en fleurs. - Les piles étaient neuves. - Les journées étaient plus longues. - Les lampes étaient allumées. - Les bijoux étaient en or. - Ces passages étaient protégés.

180 Complète ces phrases avec son ou sont.

Les crapauds ... laids mais ils ... utiles ; un bon jardinier en a toujours dans ... jardin. - Pour se protéger du soleil, Salvatore met ... chapeau. - Trente-six personnes ... inscrites pour le tournoi de pétanque. - Mme Jaillet ne retrouve pas ... véhicule recouvert par la neige. - Le musicien prend soin de ... instrument. - Aujourd'hui, les billets ... gratuits ; profitons-en !

---

copie et retiens

le soin - le coin - le foin - le témoin - le besoin - loin
le violon - le bouton - le mouton - le salon - le tampon

ORTHOGRAPHE GRAMMATICALE

Des mots à ne pas confondre

on - ont

observe

À la télévision, **on** voit beaucoup de publicités. Elles **ont** envahi les écrans et **on** ne peut pas y échapper. Dans ces petits films, les gens **ont** toujours de belles voitures et de beaux vêtements.

retiens

on est un pronom personnel toujours sujet du verbe. On peut le remplacer par un autre pronom personnel de la 3e personne du singulier (**il** ou **elle**) ou par un nom singulier (**l'homme**).
on *(il, elle, l'homme)* voit - **on** *(il, elle, l'homme)* ne peut pas

ont est le verbe **avoir** au présent. On peut le remplacer par **avaient** ou **auront**.
elles **ont** *(avaient, auront)* envahi - *les gens* **ont** *(avaient, auront) toujours*

exercices Corrigé p. 148 et p. 149

181 Complète les légendes avec on ou ont.

… a toujours besoin d'un plus petit que soi.

Ces voitures … des freins puissants.

Ces jeunes enfants … les oreilles percées.

… entend très bien la musique.

182 Complète ces phrases par on ou par elles.

... avance la chaise.
... revient de chez le coiffeur.
... surprend des oiseaux.
... s'éloignent du bord.
... se piquent les doigts.
... distribuent les cartes.
... grandissent très vite.
... attendent leur goûter.
... retiennent leurs leçons.
... encourage les joueurs.
... appelle la police.
... voit des étoiles filantes.

183 Copie ces phrases en écrivant les noms en couleur au singulier.

Les fanions ont de belles couleurs. - Les maisons ont des volets roulants. - Les buffles ont de grandes cornes. - Les boxeurs ont le nez écrasé. - Les rois ont de beaux palais. - Les plongeurs ont découvert un trésor au fond de la mer. - Les façades ont besoin d'un coup de peinture.

184 Complète ces phrases par on ou ont.

... sait que les dromadaires ... une réserve d'eau dans leur bosse. - Les nains ... accueilli Blanche-Neige. - Dans les parcs d'attractions, ... peut monter sur tous les manèges. - ... dit que l'âne est un animal têtu. - Les Français ... gagné la Coupe du monde de football. - Les sapins n'... pas de feuilles mais des aiguilles.

185 Copie ces phrases en écrivant les verbes en couleur au présent.

Les hôtesses de l'air auront de jolis chapeaux. - Les vieux quartiers de Colmar avaient été inondés. - Les journaux avaient raconté la capture de deux loups. - Maxence et Sylvain avaient froid aux pieds. - Les enfants avaient beaucoup aimé l'histoire de Boucle d'or. - Les rollers avaient des roues en caoutchouc.

186 Copie les phrases en remplaçant on par un de ces noms.

l'infirmière - l'arbitre - le clown - le dentiste - le mécanicien

On siffle une faute. - On répare les voitures. - On soigne les dents de lait. - On fait une piqûre au malade. - On fait rire les enfants.

---

copie et retiens

le retard - le placard - le canard - le renard - le regard
le réservoir - le soir - le rasoir - l'espoir - le miroir - le tiroir

Révision

68 *Regarde bien le modèle et continue ces phrases.*

être un nombre pair → Huit **est** un nombre pair.

être près de la clôture → L'arbre ...
être en ruine → La vieille maison ...
être à madame Delorme → Cette voiture ...
être sur le rebord de la fenêtre → Le pigeon ...
être mort de rire → Valentin ...
être pluvieux → Le temps ...
être à vendre → L'appartement ...

69 *Regarde bien l'exemple et transforme ces phrases.*

une petite fleur bleue → La fleur **est** petite **et** bleue.

le vieux chalet isolé
le long film triste
le plat amer et froid
une large avenue ombragée
une belle voix grave

le grand cheval blanc
l'ancien livre abîmé
un curieux singe moqueur
une nouvelle robe à la mode
une joyeuse partie animée

70 *Dans ces phrases, écris les verbes en couleur au présent.*

Le savon **sera** parfumé. → Le savon **est** parfumé.

Le public **sera** content. - Le magasin **sera** ouvert toute la journée. - La vitesse **sera** limitée dans la traversée du village. - La peinture **sera** sèche dans une heure. - L'album **sera** à colorier. - L'enveloppe **sera** mise dans la boîte aux lettres. - L'école ne **sera** pas ouverte pendant les vacances. - Le chat **sera** caché sous le buffet. - Le géant **sera** attaché par le Petit Poucet.

71 *Ajoute une précision à chacun de ces noms ; elle commencera toujours par à.*

une machine à calculer

une chambre ...
un fer ...
un bateau ...
une carte ...
des vacances ...
une armoire ...
un manche ...

une cuillère ...
une aiguille ...
un moteur ...
un avion ...
une chemise ...
une montre ...
un œuf ...

Révision

72 **Complète chaque expression avec l'un de ces verbes.**

à poster - à dépenser - à cirer - à terminer - à croquer - à scier - à gonfler - à poser - à remplacer - à encourager

de l'argent ...
un pneu ...
un tableau ...
une lettre ...
du chocolat ...

un exercice ...
un coureur ...
une pile électrique ...
des chaussures ...
une planche ...

73 **Écris des phrases selon le modèle.**

avoir un peu de temps	→	Le touriste a un peu de temps.
avoir un bonnet sur la tête	→	Le skieur ...
avoir envie de rire	→	Marine ...
avoir besoin d'un couteau	→	Le cuisinier ...
avoir une épaisse fourrure	→	L'ours ...
avoir une belle écriture	→	Sarah ...
avoir le sourire aux lèvres	→	Mustapha ...
avoir un beau maillot	→	Le joueur ...
avoir les yeux bleus	→	Albertine ...

74 **Donne à chaque personne son outil de travail.**

son appareil photo - son fouet - son écharpe tricolore - son micro - son tournevis - son ordinateur - son pinceau - son rabot - son arrosoir - son peigne - son camion - son bistouri

le boucher → son couteau

le mécanicien	...	le coiffeur	...
le dompteur	...	le maire	...
le chanteur	...	le routier	...
le jardinier	...	la secrétaire	...
le menuisier	...	le photographe	...
le chirurgien	...	le peintre	...

75 **Copie ces phrases en écrivant les verbes en couleur au présent.**

Les sentiers **seront** envahis par les orties. - Les greniers **seront** remplis de vieux objets. - Les moustiques **seront** très nombreux cet été. - Les vacances **seront** bientôt là. - Les trains **seront** complets. - Les cosmonautes **seront** en liaison avec la Terre. - Les vents **seront** favorables pour le petit voilier. - Les robinets **seront** fermés. - Cet hiver, les vaches **seront** à l'étable.

Révision

76 Dans ces phrases, remplace le nom en couleur par celui entre parenthèses et accorde le déterminant.

(savon)	Gisèle a laissé glisser sa savonnette sous la baignoire.
(soulier)	Cendrillon a perdu sa chaussure à minuit.
(horloge)	Madame Thénier remonte sa pendule.
(billet)	Rolande cherche sa pièce au fond de sa poche.
(poème)	Marianne récite sa poésie.
(pays)	Chacun aime sa région.

77 Copie ces phrases en remplaçant on par un sujet de la liste.

le cheval - l'élève - l'ogre - le skieur - la caissière - le canard

On rend la monnaie aux clients.
On barbote dans la mare.
On cherche un mot dans le dictionnaire.
On descend la piste noire à toute allure.
On franchit la haie d'un seul bond.
On engloutit trois moutons et deux vaches.

78 Regarde bien le modèle et continue ces phrases.

avoir vingt étages → Les immeubles ont vingt étages.

avoir des livres de poésies → Axelle et Hélène ...
avoir un téléphone portable → Les agents ...
avoir beaucoup de qualités → Mes amies ...
avoir des dents redoutables → Les crocodiles ...
avoir des kimonos blancs → Les judokas ...

79 Complète les légendes avec ont ou on.

Bernard et Kelly ... choisi un nouveau jeu.   ... fait sauter des crêpes.

Les brins de muguet ... de belles clochettes.   ... ferme la fenêtre.

3

Conjugaison

CONJUGAISON

Le verbe

Reconnaître le verbe

observe

Nous **allons** à la fête foraine. Je **pêche** à la ligne et tu **vas** dans le petit train. Notre grand frère **monte** dans une fusée qui **secoue** les passagers. Tous les enfants **adorent** les manèges.

retiens

Les mots qui indiquent ce que font (ou ce que pensent) les personnes, les choses, les animaux, sont des **verbes**.
Le mot **monte** indique ce que fait notre grand frère.
Le mot **adorent** indique ce que pensent les enfants.
Le mot **secoue** indique ce que fait la fusée.
Le verbe est un mot qui peut prendre des formes différentes.
Allons, vas, ira, allait sont des formes du verbe **aller**.

exercices Corrigé p. 149

187 Copie ces phrases et souligne les verbes.

Les clients sortent du magasin. - Dominique descend l'escalier. - Vous partirez à huit heures. - J'avance mon pion de deux cases. - Le bébé suce son pouce. - Tu ranges tes affaires. - Les guêpes bourdonnent autour du pot de confiture.

188 Complète ces phrases avec les verbes qui conviennent.

aime - buvons - mettez - jouent - cherche - volent - roulait - lèche - écouteras

Je ... ton numéro de téléphone. - Les oiseaux ... vers leur nid. - Le lapin ... les carottes. - Le ballon ... sur le sol. - Vous ... vos chaussures. - Tu ... la radio. - Nous ... du jus d'orange. - Le chat ... sa patte. - Les élèves ... dans la cour de récréation.

copie et retiens

aimer - chercher - jouer - écouter - rencontrer - rouler
boire - mettre - partir - sortir - choisir - réunir

CONJUGAISON

Le verbe

Le verbe à l'infinitif

observe

Avant de **donner** le départ du grand prix, il faut **vérifier** l'état des voitures. Les pilotes font **rugir** les moteurs et essaient les freins. Il serait dangereux de **prendre** des risques inutiles.

retiens

Les verbes **donner, vérifier, rugir, prendre** sont écrits à l'infinitif. Ils ne sont pas conjugués.

Beaucoup de verbes à l'infinitif se terminent par **-er**.
donn**er**, vérifi**er**, chant**er**, saut**er**, parl**er**

Il existe d'autres terminaisons pour l'infinitif des verbes.
rug**ir**, prend**re**, vo**ir**, fa**ire**

exercices Corrigé p. 149

189 Classe ces verbes selon leur terminaison à l'infinitif.

gagner - monter - grandir - boire - bondir - remarquer - obéir - cacher - comprendre - glisser - marcher - nager - descendre - calculer - grossir - crier - rire - suivre

infinitifs terminés par -er : …
autres terminaisons : …

190 Dans ces phrases, souligne les verbes et donne leur infinitif.

On campe dans la forêt.   …
Tu skies très bien.   …
Vous enfilez un pull.   …
Nous collons des timbres   …
Nous alignons les jetons.   …
J'abandonne la partie.   …
Elles quittent leurs gants.   …
Il perd ses images.   …

copie et retiens

marcher - respirer - dessiner - bouger - quitter
grandir - grossir - bondir - obéir - faire

CONJUGAISON

Le verbe

Les temps

observe

Hier, Isabelle **regardait** une cassette vidéo. Elle **a aimé** l'histoire et aujourd'hui elle la **raconte** à son amie Valérie. Demain, elles **iront** à la vidéothèque et elles **choisiront** une autre cassette.

retiens

La terminaison d'un verbe change selon le moment où se fait l'action.
Hier, Isabelle regard**ait** une cassette.   → c'est le **passé**
Aujourd'hui, Isabelle regard**e** une cassette.   → c'est le **présent**
Demain, Isabelle regard**era** une cassette.   → c'est le **futur**

Parfois, le verbe s'écrit avec deux mots.
Hier, elle **a aimé**. - Aujourd'hui, elle aime. - Demain, elle aimera.

exercices Corrigé p. 149

191 Souligne les verbes et complète ces phrases avec **hier, aujourd'hui** ou **demain**.

... les élèves ont appris une chanson ; ... ils la répètent avec leur professeur de musique ; ... ils la chanteront devant leurs parents. - ... tu as oublié ton anorak en classe ; ... tu le retrouves au porte-manteau ; ... tu feras attention à tes affaires. - ... il pleuvait ; ... le soleil brille ; ... nous partirons en vacances.

192 Souligne les verbes et complète ces phrases avec **autrefois, maintenant** ou **dans dix ans**.

... on allait en Amérique en bateau ; ... on prend un avion ; ... on utilisera peut-être une fusée. - ... les chevaux tiraient les voitures ; ... elles roulent plus vite ; ... elles voleront !

copie et retiens

voler - tirer - utiliser - regarder - briller - oublier
pleuvoir - voir - recevoir - pouvoir - savoir

92

CONJUGAISON

Le verbe

Les personnes

observe

Aujourd'hui dimanche, nous **préparons** le repas de midi. Je **déplie** la nappe et tu **mets** la table. Maman **déclare** : « Vous **sortirez** les plats du four quand ils **seront** chauds. »

retiens

La terminaison d'un verbe change selon la personne.
je déplie - *tu* mets - **Maman** déclare - **nous** préparons - **vous** sortirez - **ils** seront (chauds)

On peut mettre un pronom de la 3e personne du singulier (**il, elle, on**) à la place d'un nom sujet singulier.
Maman déclare - **elle** déclare - **on** déclare

On peut mettre un pronom de la 3e personne du pluriel (**ils, elles**) à la place d'un nom sujet pluriel.
les plats seront chauds - **ils** seront chauds

exercices Corrigé p. 149

193 **Indique, entre parenthèses, à quelle personne les verbes en couleur sont conjugués.**

Vous murmurez entre vos dents. (…) - Tu pousses ton chariot. (…) - Il promène son chien. (…) - Elles répondent aux questions. (…) - Nous ne dépenserons pas notre argent. (…). - Je ris. (…)

194 **Copie ces phrases en remplaçant les mots en couleur par un pronom personnel.**

La roue tourne vite. - Le gardien fermera la porte d'entrée. - Les bateaux ont quitté le port. - Les bouchons flottent sur l'eau. - Les lionnes bondissent sur leur proie. - Aurélien allume son ordinateur.

copie et retiens

tourner - fermer - habiter - flotter - allumer
conduire - construire - cuire - produire - détruire

93

Révision

80 Écris les verbes dans cette grille. Pour t'aider, quelques lettres sont déjà placées.

ranger   partir
sauter   rouler
parler   porter
aimer   plier

81 Complète ces phrases par un verbe qui indique ce que font ces personnes, ces animaux ou ces choses.

rase - copie - transpire - marchons - broute - attrape - apporte - débute

L'écolier ... son résumé.
Le mouton ... de l'herbe.
Le facteur ... le courrier.
Papa ... sa barbe.

Le chat ... la souris.
Le coureur ... à grosses gouttes.
Nous ... au bord de l'eau.
Le feuilleton ... à six heures.

82 Trouve le verbe qui dit ce que font ces personnes ou ces animaux.

Le cheval ... la barrière.

Monsieur Bardet ... les vitres.

La chèvre ... sur sa corde.

Le chat ... le vase de fleurs.

83 Souligne les verbes conjugués et encadre les verbes à l'infinitif.

Janine <u>téléphone</u> à Marie pour [donner] des nouvelles de Richard.
Avant de traverser la rue, on regarde les feux tricolores.
Les alpinistes arrivent à grimper au sommet de la montagne.
Vous rentrerez au salon sans faire de bruit.
Je peux encore rester un quart d'heure, mais pas plus !
Les voyageurs vont acheter les journaux.
Pour avoir de beaux cheveux, Anne utilise un shampooing spécial.

Révision

84 Mets une croix dans la bonne case.

	passé l'action est passée	présent l'action se passe	futur l'action va se passer
Cindy obéit.			
Cindy obéira.			
Je nagerai longtemps.			
Je nage longtemps.			
Bébé a pleuré.			
Bébé pleure.			
Samia chante faux.			
Samia a chanté faux.			
Je rentrerai à pied.			
Je rentre à pied.			

85 Dans ces phrases, les verbes s'écrivent en deux mots. Souligne-les et écris les infinitifs.

Tu **as sonné** à la porte d'entrée. → sonner

Nous avons lavé nos vêtements. → ...
Le spectacle a émerveillé les enfants. → ...
M. Pardon a allumé le barbecue. → ...
La quille est tombée. → ...
Les beaux jours sont arrivés. → ...
Maman a consolé Bettina. → ...
J'ai versé du sucre sur la tarte. → ...

86 À quels prénoms correspondent les pronoms sujets en couleur ?

Je recoudrai ta veste, explique Florine à Ingrid. → **Florine**
Thomas, que **tu** es étourdi ! remarque Laurette. → ...
Qu'**il** est fort ! dit Lydia à Renaud en regardant Manuel. → ...
Nous t'aiderons, répondent Régine, Doriane et Medhi. → ...
Allez-**vous** à la piscine ? demande Sophie à Théo et José. → ...
Qu'**elles** chantent bien, Fanny et Sabine ! pense Gauthier. → ...

95

CONJUGAISON

Le présent de l'indicatif

Le verbe *être* au présent

observe

Le car **est** en retard et il pleut. Si je **suis** à l'abri sous un parapluie, toi, tu **es** mouillé de la tête aux pieds. Tes vêtements **sont** à faire sécher.

retiens

Le verbe **être** est souvent utilisé ; il faut bien savoir le conjuguer.
Je **suis** à l'abri.   Nous **sommes** à l'abri.
Tu **es** à l'abri.   Vous **êtes** à l'abri.
Il **est** à l'abri.   Elles **sont** à l'abri.

exercices Corrigé p. 149

195 Complète ces phrases avec un pronom sujet.

… sommes en pleine forme. - … êtes devant le rayon des jouets. - … suis de ton avis. - … sont joyeux parce qu'ils ont gagné. - … es la dernière à sortir du car. - … est toujours très polie.

196 Complète ces phrases avec est ou es.

La boîte … en plastique. - Flora … sous sa douche. - Tu … mon ami. - Tu … devant l'entrée de ton immeuble. - Blanche-Neige … perdue dans la forêt. - Tu … déguisé pour le carnaval.

197 Complète ces phrases par le verbe être au présent.

Il … midi et les élèves … au restaurant scolaire. - Quand je … au bord d'un précipice, j'ai le vertige. - Les poissons … dans l'aquarium. - Nous … au début du printemps. - Tu … en maillot de bain. - La moto … arrêtée au feu rouge. - Vous … soigneux. - Le chien … dans sa niche du matin au soir.

copie et retiens

le matin - le sapin - un marin - un gamin - un lapin
la main - le pain - le grain - le train - le refrain
le plein - le frein - le rein - le sein

CONJUGAISON

Le présent de l'indicatif

Le verbe *avoir* au présent

observe

J'**ai** neuf ans ; tu **as** huit ans ; Paquita **a** onze ans ; Régis et Fabien, les jumeaux, **ont** six ans. À nous cinq, nous **avons** quarante ans : c'est justement l'âge de notre maîtresse !

retiens

Le verbe **avoir** est souvent utilisé ; il faut bien savoir le conjuguer.
J'**ai** neuf ans.   Nous **avons** neuf ans.
Tu **as** neuf ans.   Vous **avez** neuf ans.
Elle **a** neuf ans.   Ils **ont** neuf ans.

exercices Corrigé p. 149

198 **Complète ces phrases avec un pronom sujet.**

… avez oublié le nom de cet acteur. - … avons un peu d'avance sur l'horaire prévu. - Pour ton anniversaire, … as eu une paire de rollers. - En entendant tous ces compliments, … ai le sourire aux lèvres. - … a envie d'aller nager. - … ont lu un conte de fées.

199 **Conjugue le verbe avoir à toutes les personnes, au présent de l'indicatif.**

avoir un blouson neuf   avoir un chat noir
avoir la peau douce   avoir un jeu électronique

200 **Complète ces phrases par le verbe avoir au présent.**

Je n'… pas de crayons de couleur. - L'écureuil … une longue queue rousse. - Nous … beaucoup de livres. - Vous … un excellent goûter. - Les marionnettes … toutes des fils. - Ce livre … cent pages. - Tu … un ours en peluche. - Ces joueurs … des chaussures spéciales.

copie et retiens

l'addition - la soustraction - la multiplication - la division
le fauteuil - l'écureuil - le seuil - la feuille - le portefeuille

CONJUGAISON

Le présent de l'indicatif

Le verbe *aller* au présent

observe

Le mercredi, je **vais** à la chorale. Le professeur nous apprend à poser notre voix et à respirer lentement. Il **va** bientôt réunir nos parents et nous **allons** chanter devant eux. « Je suis sûr que vous **allez** vous appliquer », dit-il.

retiens

Le verbe **aller** est souvent utilisé ; il faut bien savoir le conjuguer.
Je **vais** à la chorale.   Nous **allons** à la chorale.
Tu **vas** à la chorale.   Vous **allez** à la chorale.
Il **va** à la chorale.   Ils **vont** à la chorale.

exercices Corrigé p. 149

201 **Conjugue le verbe aller à toutes les personnes, au présent de l'indicatif.**
aller au cinéma   aller chez le pharmacien
aller à la campagne   aller en Chine

202 **Complète ces phrases par le verbe aller au présent.**
Nous ... chercher du muguet dans les bois. - Tu ... à l'école en vélo. - Je ... à ta rencontre. - Grâce à ce médicament, vous ... de mieux en mieux. - Le temps ... changer, le vent se lève. - Les zèbres ... boire pendant que les lions dorment.

203 **Écris ces phrases en remplaçant le verbe être par le verbe aller au présent.**
Les élèves sont en récréation. → Les élèves vont en récréation.
Tu es à la patinoire. - Nous sommes à la bibliothèque. - Je suis au supermarché. - Vous êtes au restaurant. - L'avion est sur la piste. - Les bateaux sont au large.

copie et retiens

la pharmacie - le pharmacien - le supermarché - le restaurant
le patin à glace - la patinoire - patiner - un patineur

CONJUGAISON

Le présent de l'indicatif

Le verbe *faire* au présent

observe

C'est la rentrée des classes. Je **fais** la connaissance de nouveaux élèves. La maîtresse **fait** l'appel puis elle distribue les livres. À la récréation, nous **faisons** une partie de loup pendant que d'autres camarades **font** un match de football.

retiens

Le verbe **faire** est souvent utilisé ; il faut bien savoir le conjuguer.
Je **fais** une partie.   Nous **faisons** une partie.
Tu **fais** une partie.   Vous **faites** une partie.
Elle **fait** une partie.   Ils **font** une partie.

exercices Corrigé p. 149

204 Complète ces phrases avec les sujets qui conviennent.
Tu - Vous - Les moteurs - je - Le chat - Nous
... n'en fais qu'à ta tête. - ... font trop de bruit. - En voyant une étoile filante, ... fais un vœu. - ... fait le gros dos et attend une caresse. - ... ne faisons pas d'erreurs. - ... faites un joli sourire.

205 Écris l'expression en mettant le verbe faire au présent.
faire des farces   Nous ...   faire un dessert   Vous ...
faire la queue   Je ...   faire ton travail   Tu ...
faire un détour   Il ...   faire le café   Elles ...

206 Complète ces phrases par le verbe faire au présent.
Le singe ... des grimaces. - Nous ... du sport. - Je ... de mon mieux pour faire plaisir à mes parents. - Deux fois trois ... six. - Le balcon ... tout le charme de cet appartement. - Tu ... un clin d'œil à ta voisine. - Vous ... semblant de ne pas avoir entendu ma question.

copie et retiens

le balcon - le savon - le talon - le carton - le poison
le travail - le détail - le bétail - le portail - un rail

CONJUGAISON

Le présent de l'indicatif

Les verbes comme *chanter* au présent

observe

Cet été, tous les jeunes **portent** des pantalons étroits. Pendant que je **cherche** un modèle à ma taille, tu **regardes** les prix. La vendeuse nous **donne** des conseils. Finalement nous **quittons** le magasin avec deux pantalons noirs.

retiens

Au présent de l'indicatif, tous les verbes terminés par **-er** à l'infinitif ont les mêmes terminaisons : **-e, -es, -e, -ons, -ez, -ent**.
je cherch**e**   nous quitt**ons**
tu regard**es**   vous admir**ez**
elle donn**e**   ils port**ent**

exercices Corrigé p. 149 et p. 150

207 **Complète ces phrases avec un pronom sujet.**

… circulent sur la piste cyclable. - … sautilles au rythme de la musique. - … visez la cible. - … froisse ma feuille de papier. - … apportons notre nouvelle tenue de sport. - … repasse ses vêtements. - … écartez les rideaux. - … retire mes doigts car l'eau est très chaude. - … surmontes ta douleur et … ne pleures pas. - … consulte son dictionnaire. - … creusons un trou dans le sable. - … renoncent à leur projet de voyage.

208 **Écris ces verbes au présent en changeant les sujets.**

Je **ferme** la porte.   Tu **écoutes** des disques.
Tu …   Nous …
Amandine …   J'…
Nous …   Vous …
Vous …   Sonia …
Mes parents …   Les enfants …

100

209 Copie ces phrases en écrivant les verbes entre parenthèses au présent.

Monsieur Isoard (chercher) sa paire de lunettes. - Tu (discuter) toujours les ordres que l'on te (donner). - Nous (écarquiller) les yeux de plaisir. - L'arbitre (siffler) la fin de la partie. - Les paroles (s'envoler), les écrits (rester). - Vous n'(imaginer) pas la fin de l'histoire. - Je (persuader) ma cousine de venir à la piscine avec moi. - Madame Monet (changer) les rideaux du salon.

210 Écris les verbes entre parenthèses au présent et ajoute un complément de ton choix.

Tu (manger) ...   →   Tu manges des gâteaux.

Les mécaniciens (réparer) ...
Tu me (prêter) ...
Nous (retrousser) ...
Le plombier (installer) ...
Vous (caresser) ...
Je (tailler) ...
On (observer) ...
Je (jouer) ...
L'agent (renseigner) ...
Vous (tracer) ...
Ces livres (coûter) ...
Nous (annuler) ...
Tu (guetter) ...
Certains (aimer) ...

211 Écris les verbes en couleur au présent en changeant les sujets.

Je frissonne car j'ai très froid aux pieds.
Tu ...
Les skieurs ...
Nous ...
Vous ...
Margot ...

Tu te déguises en pirate et tu portes un sabre en bois.
Nous ...
Vous ...
Les garçons ...
Je ...
Émile ...

copie et retiens

questionner - ordonner - frissonner - boutonner - tamponner
arracher - arriver - arrêter - arroser - arranger

Révision

87 Conjugue à toutes les personnes, au présent de l'indicatif.

être dans la baignoire être à l'école
être sur le parking être en vacances
être à l'heure être chez le coiffeur

88 Complète ces phrases avec un sujet de ton choix.

… sont dans la fusée qui se dirige vers la Lune. - … suis dans la file d'attente devant les caisses. - … es à la bibliothèque. - … est un animal au long cou. - … êtes devant votre écran de télévision. - … est un sport d'endurance. - … sommes dans les coulisses du théâtre. - … sont au bord de la route et ils contrôlent la vitesse des voitures.

89 Complète la grille avec toutes les formes du verbe *être* au présent puis complète les phrases.

Je … dans le couloir.
Tu … assis devant l'écran.
Elle … toujours contente.
Nous … privés d'électricité.
Vous … dans le noir.
Ils … au camping des Clarines.

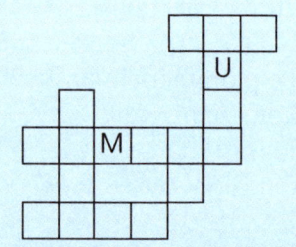

90 Complète ces phrases avec *as* ou *a*.

Tu … fait très attention de ne pas te mouiller les pieds. - Mon père … trouvé du travail à Limoges. - Tu … du mal à retenir ton fou rire. - Le lion … une belle crinière. - On … découvert des objets préhistoriques dans cette grotte. - Tu … les ongles courts. - Tu … mangé un flan au caramel.

91 Copie ces phrases en les complétant avec un nom sujet.

… ont besoin d'un micro pour que nous les entendions. - … a tourné toute la journée pour la plus grande joie des enfants. - … ont droit à une réduction pour entrer au parc d'attractions. - … ont des camions rouges. - … a des pépins qu'il ne faut pas manger. - … a un rasoir électrique. - … a un bec crochu et des plumes de toutes les couleurs ; en plus, il parle !

92 Forme des phrases en choisissant un groupe dans chaque tableau.

| Tu |
| Nous |
| Vous |
| Les surfeurs |
| Esther |
| J' |

| a mis son tee-shirt à l'envers. |
| ont descendu la piste comme des fous. |
| ai un trou de mémoire. |
| avons des billes dans nos poches. |
| as quitté ta place sans autorisation. |
| avez passé l'aspirateur dans la pièce. |

Révision

93 **Aide-toi des dessins pour compléter les phrases avec ont ou a.**

Les camions ... des phares puissants.

Le hibou ... de gros yeux.

Les lunettes ... des branches spéciales.

Dalila ... une poupée qui dort.

94 **Regarde bien le modèle et transforme les phrases.**
Tu laces tes chaussures. → **Tu vas lacer tes chaussures.**

Nous préparons la sauce de la salade.
Vous rangez les pots de peinture.
J'épluche des pommes de terre.
Tu commandes une pizza.
L'émission commence avec un peu de retard.
Les réductions de prix attirent les clients.

95 **Complète les phrases avec les verbes avoir ou aller au présent. Attention, il faudra bien choisir !**

Les hippopotames ... trop chaud alors ils ... se rafraîchir dans la rivière.
Tu ... te lever car tu ... des fourmis dans les jambes.
J'... un petit peu de temps devant moi alors je ... me reposer.
Comme vous ... un nouveau jeu vidéo, vous ... nous le prêter.
Nous ... de bonnes places parce que nous ... pris les billets à l'avance.
Le conducteur ... ralentir car il ... vu un panneau de limitation de vitesse.
Marceline ... oublié son parapluie et elle ... se mouiller.

96 **Écris ces phrases en changeant à chaque fois le sujet. Attention car il y a des mots qui s'accordent !**

Vous faites une pause car vous êtes fatigués.
Nous ...
Je ...
Les marcheurs ...
Le coureur ...
Tu ...

103

Révision

Nous faisons des progrès et nous avons de bons résultats.
Tu ...
Les élèves ...
Armelle ...
Vous ...
Je ...

97 **Complète ces phrases avec fais ou fait.**

Pour aller à l'école, je ... le trajet à pied. - Tu ... tous les magasins du centre commercial pour trouver un blouson en cuir. - L'employé du restaurant ... le service. - Quelle pointure ...-tu ? - Cela ... bien deux heures que je l'attends ! Ronan exagère. - Avant de partir, monsieur Rousseau ... sa valise. - Tu ... preuve de beaucoup de patience. - Ce matin, il ... beau.

98 **Fais des phrases avec ces groupes.**

Le matin, tu manges •   • le montant de nos achats.
Je traverse toujours •   • les pions noirs.
Les pompiers déroulent •   • des biftecks.
Le boucher découpe •   • des céréales.
Vous déplacez •   • sur le passage protégé.
Nous calculons •   • leurs tuyaux.

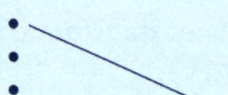

99 **Mots croisés. Tous les verbes de cette grille sont conjugués au présent.**

Horizontalement

1. *Porter*, 2e personne du singulier.
2. Une carte à jouer.
3. C'est sur lui que le train roule.
4. On peut le faire, à la corde, en hauteur ou à la perche.
5. Une saison chaude, juste après le printemps. - Un pronom de conjugaison que l'on peut utiliser à la place de *il* ou *elle*.
6. *Être*, 3e personne du pluriel.

Verticalement

A. *Passer*, 2e personne du pluriel.
B. Le repas favori de Médor. - Le début de atout.
C. *Ruer*, 2e personne du singulier.
D. *Tâter*, 3e personne du singulier mais dans le désordre !
E. Un pronom de conjugaison.
F. *Saler*, 3e personne du pluriel.

Révision

100 Dans la grille ci-dessous, tous les verbes sont conjugués au présent. Retrouve-les et complète les phrases.

L'aigle ... très haut dans le ciel.
Vous ... de parler trop fort.
Les touristes ... la cathédrale.
Tu te ... les dents.
Je ... les draps pour faire le lit.
Nous ... des chèques.

L	Z	U	T	A	V	O	L	E
A	O	N	B	P	I	N	E	V
V	A	U	C	T	S	O	M	I
E	D	E	P	L	I	E	F	T
S	K	L	D	U	T	P	S	E
M	N	Z	E	I	E	L	R	Z
S	I	G	N	O	N	S	U	P
T	C	I	B	E	T	A	V	N

101 Complète ces phrases avec des sujets de ton choix. Respecte bien les accords.

... flottent à l'entrée du stade. - ... oubliez d'emporter votre casquette. - ... tricote des pulls pour ses petits-enfants. - ... réclames de la crème chantilly sur tes fraises. - ... glissons une enveloppe dans la boîte aux lettres. - ... rebouchent les trous de la chaussée. - ... participe à mon premier cross avec mes camarades. - ... méritent tous nos applaudissements. - ... décolle avec cinq minutes de retard. - ... flatte le corbeau pour lui voler le fromage ! - ... adoptez un petit chat abandonné. - ... débute l'apprentissage de l'anglais.

CONJUGAISON

Le futur simple

Le verbe *être* au futur

observe

Avant le début du match, les joueurs **seront** sur la pelouse pour écouter les hymnes nationaux. Je **serai** au premier rang afin de ne rien perdre du spectacle. À trois heures, l'arbitre **sera** au centre du terrain et donnera le coup d'envoi.

retiens

Je **serai** au premier rang.   Nous **serons** au premier rang.
Tu **seras** au premier rang.   Vous **serez** au premier rang.
Il **sera** au premier rang.   Ils **seront** au premier rang.

exercices   Corrigé p. 150

212 Complète ces phrases avec un pronom sujet.

… sera surprise par la fin de ce film. - … serez allongées sur la plage. - … serons à l'écoute du moindre bruit. - … serai chez moi. - … seront dans le couloir. - … sera à l'heure pour le train.

213 Écris les noms en couleur au pluriel et accorde le verbe être.

Le vase sera en équilibre sur le meuble. - L' alpiniste sera au sommet avant dix heures. - La voiture sera au garage pendant une semaine. - L' hôtesse de l'air sera au service des passagers. - La rivière sera en crue dans deux jours. - Le marin sera sur le pont.

214 Copie ces phrases en écrivant le verbe être au futur simple.

L'an prochain, je (être) au cours moyen. - Dans peu de temps, cette maison (être) à l'abandon. - La récolte de pommes (être) abondante. - Je suis sûre que vous (être) contentes de votre visite au Futuroscope. - (être)-nous capables de lire ce livre de cent pages ?

copie et retiens

le service - l'épice - la malice - un délice - la police - la notice
le jour - le tour - le four - l'amour - la cour (de récréation)

CONJUGAISON

Le futur simple

Le verbe *avoir* au futur

observe

Quand je serai grande, j'**aurai** un ordinateur. Il sera placé sur mon bureau et il **aura** un grand écran. Les logiciels seront très simples et avec mon frère, nous **aurons** le temps de nous initier à l'informatique.

retiens

J'**aurai** un ordinateur.
Tu **auras** un ordinateur.
Elle **aura** un ordinateur.

Nous **aurons** un ordinateur.
Vous **aurez** un ordinateur.
Ils **auront** un ordinateur.

exercices Corrigé p. 150

215 Complète ces phrases avec aurons ou auront.

Nous … une institutrice remplaçante. - Les camions … des phares énormes. - Au camping, j'espère que nous … une place à l'ombre. - Les fromages de chèvre … un goût de thym. - Au printemps, les cerisiers … des fleurs blanches.

216 Complète ces phrases avec auras ou aura.

Cette voiture … des pneus increvables. - Tu … la gentillesse d'aider ton papa. - Le directeur … un message sur son téléphone portable. - Tu … une brosse à dents électrique.

217 Complète ces phrases par le verbe avoir que tu écriras au futur simple.

Pour corriger la dictée, j'… besoin d'un stylo vert. - Louis …-t-il une place réservée sur ce parking ? - Si tu réponds bien, tu … une belle image. - Au distributeur, nous … dix timbres d'un demi-euro. - Les voiliers … du vent pour traverser l'océan.

copie et retiens

l'avenir - le plaisir - le souvenir - le soupir - le désir
le camping - le parking - le pressing - le footing

CONJUGAISON

Le futur simple

Le verbe *aller* au futur

observe

Mon petit frère est né mardi et demain nous **irons** tous à la maternité pour voir son premier sourire. Papa dit qu'il aura les yeux bleus, comme ma sœur. Plus tard, il **ira** à l'école avec moi.

retiens

J'**irai** à l'école.
Tu **iras** à l'école.
Il **ira** à l'école.

Nous **irons** à l'école.
Vous **irez** à l'école.
Ils **iront** à l'école.

exercices Corrigé p. 150

218 Complète ces phrases avec nous ou ils.

… irons avec vous au cinéma. - … iront se coucher de bonne heure. - Dans dix ans, … irons en Chine. - … irons louer des V.T.T. - Où iront - … de ce pas décidé ? - Je suis sûr qu'… iront acheter des fleurs pour Elsa.

219 Complète ces phrases avec tu ou elle.

Iras-… à la pêche avec moi ? - … ira au parc d'attractions. - … iras te faire couper les cheveux. - … iras ranger tes jouets. - … ira à la plage. - … n'iras pas dehors car il fait trop froid.

220 Complète ces phrases avec le verbe aller que tu écriras au futur simple.

Violaine n'… pas seule dans la forêt. - Avec le train, …-tu plus vite qu'en avion ? - À la récréation, nous … dans la cour. - Norbert et Corentin … prendre une douche avant de plonger. - Le gymnase n'est pas loin, j'… à pied. - Vous … à la fête foraine. - Toutes les voitures … dans le même sens. - On … à la charcuterie.

copie et retiens

une douche - une mouche - une louche - une touche
le cinéma - l'opéra - l'agenda - un soda - un judoka

CONJUGAISON

Le futur simple

Le verbe *faire* au futur

observe

Comme le parking du supermarché est fermé, les voitures **feront** un détour. Mais le directeur **fera** tout son possible pour que les clients puissent effectuer leurs achats normalement.

retiens

Je **ferai** un détour.
Tu **feras** un détour.
Il **fera** un détour.

Nous **ferons** un détour.
Vous **ferez** un détour.
Elles **feront** un détour.

exercices Corrigé p. 150

221 Complète ces phrases avec un pronom sujet.

… ferai une pirouette. - L'an prochain, … feront le cross de l'école. - … ferons notre travail correctement. - … fera semblant de ne pas entendre. - En achetant ce blouson, … ferez une bonne affaire. - … feras moins de fautes si tu utilises un dictionnaire.

222 Complète ces phrases avec ferons ou feront.

Demain, nous … de la confiture de fraises. - Les oiseaux … leur nid sous les tuiles du toit. - Nous ne … pas la grimace quand vous servirez la soupe. - Quand nous serons grands, que …-nous comme métier ? - Les spectateurs … du bruit pour encourager leur équipe.

223 Complète ces phrases avec feras ou fera.

Le boulanger … du pain de campagne. - Après avoir déjeuné, tu … ton lit. - Cette cassette vidéo … ton bonheur. - Tu … des efforts pour apprendre à nager. - Le savon … beaucoup de mousse. - Je suis sûre que tu … ton possible pour nous rejoindre.

copie et retiens

nager - plonger - juger - neiger - manger - ranger
le soir - le miroir - l'espoir - le rasoir - le devoir - le couloir

CONJUGAISON

Le futur simple

Les verbes comme *chanter* au futur

observe

Vous **profiterez** des derniers jours de vacances pour venir à la pêche avec nous. Tu **prépareras** les lignes et j'**emporterai** l'épuisette. Nous nous **installerons** au bord de la rivière et aucun poisson ne nous **échappera**. Au retour, nos parents **regarderont** notre friture avec admiration.

retiens

Au futur simple, tous les verbes terminés par **-er** à l'infinitif ont les mêmes terminaisons : **-ai, -as, -a, -ons, -ez, -ont** qui s'ajoutent à leur infinitif.

emporter → j'emporter**ai**	installer → nous installer**ons**
préparer → tu prépare**ras**	profiter → vous profiter**ez**
échapper → il échappe**ra**	regarder → ils regarder**ont**

exercices Corrigé p. 150

224 **Regarde bien le modèle et écris ces phrases à la forme négative.**

Tu fabriqueras un robot. → Tu ne fabriqueras pas un robot.

Raoul cassera les bûchettes.- Vous trouverez facilement la réponse. - Les alpinistes escaladeront la montagne demain matin. - Nous bavarderons pendant le cours de musique. - Tu imiteras le chant du rossignol. - J'échangerai ce disque contre un jeu vidéo. - Les loups hurleront au fond des bois.

225 **Transforme ces phrases selon le modèle.**

Je vais corriger mes erreurs. → Je corrigerai mes erreurs.

Tu vas m'aider à déménager ces vieux objets. - Le maître nageur va surveiller le bassin. - Nous allons nous réchauffer les mains près du radiateur. - Vous allez téléphoner à vos amis. - Les mécaniciens vont changer les bougies. - Je vais me coucher de bonne heure. - La vague va se briser sur la jetée.

226 **Copie ces phrases en écrivant les verbes en couleur au futur simple.**

Tu colles un timbre sur l'enveloppe. - Je retrouve mon classeur sous mes livres. - Le vent se calme. - Nous réclamons une réduction. - Vous vous habillez chaudement. - Les autobus stationnent sur des emplacements réservés. - Le pharmacien délivre des médicaments. - Les voiliers affrontent une violente tempête. - Tu annules ta commande. - Je barre les réponses fausses.

227 **Complète les phrases avec ces verbes terminés par -er à l'infinitif. Tu les écriras au futur simple.**

verser - brancher - bénéficier - écouter - respecter - fatiguer - sauter - fredonner

Vous ... un peu d'eau dans le vase de fleurs. - Tu ... l'imprimante de l'ordinateur. - Vous ... d'une réduction importante. - Charly ... les conseils de ses amis. - Nous ... le temps de cuisson indiqué sur l'emballage. - Si tu n'utilises pas une brouette, tu te ... vite. - Le cheval ... la barrière. - Je … une chanson.

228 **Copie ces phrases en écrivant les verbes entre parenthèses au futur simple.**

Je crois que notre train (arriver) à l'heure. - Après la course, tu (transpirer) à grosses gouttes. - L'entraîneur (donner) des conseils aux joueurs. - Nous ne (trembler) pas en visitant le musée des horreurs. - Le maître (apporter) un violon en classe. - Vous (chasser) les moustiques de votre chambre. - S'il y a trop de bruit, tu te (boucher) les oreilles.

229 **Écris les verbes en couleur au futur simple en changeant les sujets.**

Tu mélangeras le bleu et le jaune et tu étaleras la peinture.
Je ...
Monsieur Poncet ...
Vous ...
Nous ...
Les artistes ...

---

copie et retiens

transpirer - transférer - transformer - transporter - transvaser
la traîne - traîner - s'entraîner - l'entraîneur - l'entraînement

Révision

102 *Complète ces phrases avec le verbe être que tu écriras au futur simple.*

Vous ... devant le rayon des jeux électroniques.

Les éléphants ... au bord de la rivière.

Je ... au gymnase.

La barque ... à la dérive.

103 *Dans ces phrases, écris le verbe être au futur simple et n'oublie pas d'accorder les adjectifs.*

Les toits (être couvert) par des tuiles rouges. - Pour le carnaval, tu (être costumé) en agent de police. - Cette lampe est trop fragile, elle (être cassé) dans peu de temps. - À minuit, le quai de la gare (être désert). - Au retour de mes vacances, je (être bronzé). - J'espère que cette corde (être solide). - À dix-huit ans, ces jeunes gens (être majeur).

104 *Choisis un groupe dans chaque case et écris six phrases.*

Les randonneurs	serai	fermé.
Tu	serons	au balcon.
Je	serez	polis avec les adultes.
Le magasin de vêtements	seront	en vacances.
Nous	sera	devant la porte.
Vous	seras	sous la douche.

Les randonneurs seront en vacances.
...

Révision

105 *Écris le verbe* avoir *aux temps demandés.*

	présent (maintenant)	futur simple (plus tard)
avoir un bonnet	tu ...	tu ...
avoir un pantalon neuf	vous ...	vous ...
avoir un blouson	j'...	j'...
avoir des bottes	nous ...	nous ...
avoir des gants	ils ...	ils ...
avoir un anorak	elle ...	elle ...

106 *Dans ces phrases, encadre le verbe* avoir *conjugué au futur simple.*

La girafe a un très long cou. - Vous aurez le sourire. - Ces chiens ont du flair. - Tu n'auras qu'à faire attention. - J'ai une minute pour te téléphoner. - En sortant du supermarché, monsieur Toussaint aura son caddie plein. - Nous aurons du mal à trouver une place dans cette salle. - Vous avez de la mémoire. - Tu auras le plaisir d'aller au théâtre.

107 *Transforme ces phrases selon le modèle.*

Laure va avoir une petite sœur. → Laure aura une petite sœur.

Tu vas avoir des vacances. ...
Le moniteur va avoir une idée pour jouer. ...
Je vais avoir une boîte de peinture. ...
Les pommiers vont avoir des fruits. ...
Nous allons avoir des ennuis. ...
Vous allez avoir le choix. ...

108 *Réponds aux questions.*

Auras-tu huit ans en juin ? → Oui, tu auras huit ans en juin.
Aurons-nous sommeil ? Oui, ...
Aurai-je raison ? Non, ...
Le bateau aura-t-il une voile ? Oui, ...
Aurez-vous des biscuits ? Oui, ...
Les poules auront-elles des dents ? Non, ...

113

Révision

109 Complète cette grille avec les six formes conjuguées du verbe aller au futur simple puis place-les dans les phrases.

Farida ... à l'infirmerie.
Tu ... au cirque.
Les cigognes ... en Afrique.
Je n'... pas à la cave.
Nous ... au centre de la ville.
Vous ... sur la terrasse.

110 Complète ces phrases avec un pronom sujet.

... iras jouer avec ta console de jeux. - ... iront manger au restaurant. - ... irez parler avec le moniteur. - ... irai visiter le château fort. - Au petit matin, ... ira écouter le chant des oiseaux. - ... irons consoler Maria. - ... ira fermer les volets. - ... iront décorer le sapin de Noël.

111 Écris les verbes au futur simple en changeant les sujets.

Quand tu **seras** devant le supermarché, tu **iras** chercher un caddie.
Quand nous ...
Quand Stéphanie ...
Quand les clients ...
Quand vous ...
Quand je ...

112 Complète ces phrases avec le verbe faire au futur simple.

Sous les caresses, les chats ... le gros dos. - Vous ... des signes pour nous avertir. - Sans calculatrice, nous ... sûrement des erreurs. - Cela ... dix minutes que j'attends le métro. - Madame Le Coq ... réparer sa voiture. - Je ... remplacer les piles de mon téléphone. - Tu ... le clown pour amuser tes neveux.

113 Conjugue le verbe faire à toutes les personnes, au futur simple.

faire cinq kilomètres en courant
faire rouler le chariot
faire couler un bain

faire les gros yeux
faire les courses
faire sauter des crêpes

Révision

114 Dans chaque colonne, un verbe n'est pas conjugué au futur mais au présent. Encadre-le.

je roulerai	nous camperons	il se perfectionne
vous marcherez	tu inventeras	elles se méfieront
tu dessineras	je siffloterai	vous vous essoufflerez
nous terminons	il skiera	je me doucherai
elle poussera	elles chantonnent	tu te fatigueras
ils mesureront	vous jouerez	nous nous dirigerons

115 Dans ces phrases, encadre les verbes (ils sont conjugués au futur) et souligne les terminaisons. Écris leur infinitif.

Les prix n' augmenter**ont** pas au moment des fêtes.   *augmenter*

Nous vérifierons la réponse. ...
Tu apprécieras un peu de fraîcheur. ...
Héléna ne sacrifiera jamais sa longue tresse. ...
Vous copierez les numéros de téléphone. ...
Les vétérinaires soigneront les chevaux. ...
Je tremperai ma tartine dans mon chocolat. ...

116 Complète ces phrases avec des sujets de ton choix. Respecte bien les accords.

Si tu ne fais pas attention, ... t'égratigneras les jambes aux ronces. - ... humidifierez un peu la chemise avant de la repasser. - ... fronceras les sourcils quand ... rencontreras une personne inconnue. - ... commencera à quinze heures. - ... amorcera son atterrissage longtemps avant d'arriver à Roissy. - ... déménageront pour s'installer à Besançon. - ... s'engagera sur l'autoroute. - ... plongerai mes mains dans le seau d'eau.

117 Que faire demain ?
Continue en changeant à chaque fois de verbe et de complément.

Demain, je changerai les piles de mon baladeur.
Demain, tu ...
Demain, Nicolas ...
Demain, nous ...
Demain, vous ...
Demain, les marins ...

115

CONJUGAISON

Le passé composé

Le verbe *être* au passé composé

observe

J'**ai été** témoin d'un accident devant l'école. Un cycliste **a été** renversé par une voiture qui roulait trop vite. Les pompiers **ont été** prévenus par le directeur. Heureusement, ce n'est pas grave.

retiens

Le passé composé du verbe **être** s'écrit en deux mots :
– l'auxiliaire **avoir** conjugué au présent de l'indicatif ;
– le participe passé du verbe **être** : **été**.

J'**ai été** témoin.   Nous **avons été** témoins.
Tu **as été** témoin.   Vous **avez été** témoins.
Elle **a été** témoin.   Ils **ont été** témoins.

exercices Corrigé p. 150

230 Écris le verbe être au passé composé en changeant les sujets.

être heureux de jouer au ballon
J'…
Les enfants …
Arthur …
Nous …
Tu …
Vous …

être tout de suite d'accord
Les partenaires …
J'…
Vous …
Tu …
Nous …
Véronique …

231 Copie ces phrases en écrivant les verbes en couleur au passé composé.

La partie **est** acharnée. - Vous **êtes** choisis pour représenter l'école au cross du quartier. - Les derniers jours de septembre **sont** agréables. - Pour mon anniversaire, je **suis** gâtée. - Nous **sommes** maquillées pour jouer cette pièce de théâtre. - La forêt **est** détruite par la tempête - Tu n'**es** pas trop bavard.

copie et retiens

chanceux - heureux - joyeux - curieux - gracieux - furieux

CONJUGAISON

Le passé composé

Le verbe *avoir* au passé composé

observe

Quand le poulet est arrivé sur la table, nous **avons** tous **eu** le réflexe de tendre notre assiette. J'**ai eu** une cuisse et tu **as eu** un morceau de blanc. Maman **a eu** droit aux félicitations de toute la famille car le poulet était très bon.

retiens

Le passé composé du verbe **avoir** s'écrit en deux mots :
– l'auxiliaire **avoir** conjugué au présent de l'indicatif ;
– le participe passé du verbe **avoir** : **eu**.

J'**ai eu** une cuisse.   Nous **avons eu** une cuisse.
Tu **as eu** une cuisse.   Vous **avez eu** une cuisse.
Elle **a eu** une cuisse.   Ils **ont eu** une cuisse.

exercices Corrigé p. 150

232 Complète ces phrases avec un pronom sujet.

Pour ton anniversaire, … as eu une voiture téléguidée. - Au sommet de la montagne, … avons eu très froid. - Comment avez-… eu la patience de terminer ce puzzle ? - … ai eu sept ans vendredi dernier. - … n'ont pas eu à se plaindre de l'arbitrage. - … a eu le temps de lire le journal.

233 Copie ces phrases en écrivant les verbes en couleur au passé composé.

Le client a une réduction importante. - Tu as de la chance d'aller dans ce pays. - Les gazelles ont peur des lionnes. - Nous avons du retard. - J'ai une place au premier rang. -Vous avez raison d'acheter ce disque. - Norbert a de la fièvre.

copie et retiens

acheter - un achat - un acheteur - une acheteuse
s'avancer - se balancer - s'élancer - lancer - distancer

CONJUGAISON

Le passé composé

Le verbe *aller* au passé composé

observe

Le 14 Juillet, nous **sommes allés** au bord du lac pour voir le feu d'artifice. Les fusées étaient nombreuses et faisaient du bruit. La dernière **est allée** très haut et elle a éclaté en des centaines de petites fleurs.

retiens

Le passé composé du verbe **aller** s'écrit en deux mots :
– l'auxiliaire **être** conjugué au présent de l'indicatif ;
– le participe passé du verbe **aller** : **allé**.
Je **suis allé(e)** au bord du lac.   Nous **sommes allé(e)s** au bord du lac.
Tu **es allé(e)** au bord du lac.   Vous **êtes allé(e)s** au bord du lac.
Elle **est allée** au bord du lac.   Ils **sont allés** au bord du lac.
Attention ! Comme le participe passé est employé avec l'auxiliaire **être**, il s'accorde avec le sujet.

exercices Corrigé p. 150

234 Copie ces phrases en écrivant les verbes en couleur au passé composé.

Je **vais** acheter des fraises au marché. - Nous **allons** nous réchauffer près de la cheminée. - Le jardinier **va** arroser ses plantations. - Vous **allez** prendre la passerelle. - Tu **vas** te placer dans la tribune centrale. - La fusée **va** se poser sur la planète Vénus. - Les chauffeurs **vont** remplir le réservoir de leur camion.

235 Copie ces phrases en complétant avec le verbe **aller** que tu écriras au passé composé.

Je ... au château de Versailles. - Les papillons ... se poser sur les fleurs. - Nous ... rendre visite à notre cousine. - Le coureur ... jusqu'au bout de ses forces. - Comme tu es curieuse, tu ... au grenier fouiller dans les vieilles malles. - Pendant les vacances, vous ... en Bretagne. - Ma boule ... trop loin du cochonnet.

copie et retiens

arroser - arriver - arracher - arrondir - arranger
la passerelle - le passage - passer - le passant - le passager

CONJUGAISON

Le passé composé

Le verbe *faire* au passé composé

observe

Au mois d'août, nous **avons fait** un voyage en T.G.V. C'était confortable et je n'ai pas eu peur de la vitesse. On **a fait** le trajet entre Lyon et Paris en deux heures. Je n'ai même pas eu le temps de finir mon livre !

retiens

Le passé composé du verbe **faire** s'écrit en deux mots :
– l'auxiliaire **avoir** conjugué au présent de l'indicatif ;
– le participe passé du verbe **faire** : **fait**.

J'ai fait un voyage.   Nous **avons fait** un voyage.
Tu as fait un voyage.   Vous **avez fait** un voyage.
Elle a fait un voyage.   Ils **ont fait** un voyage.

exercices   Corrigé p. 151

236 Copie les phrases en écrivant le verbe faire au passé composé.

faire la queue
J'…
M. Perrier …
Nous …
Les clients …
Vous …
Tu …

faire la vaisselle à l'eau froide
Les campeurs …
Dominique …
Vous …
Tu …
J'…
Nous …

237 Complète ces phrases avec le verbe faire que tu écriras au passé composé.

L'acrobate … une pirouette. - J'… de mon mieux. - Devant le plat de lentilles, nous … une grimace. - Vous n'… pas … d'erreurs de calcul. - Laurent … des efforts. - Tu … un détour. - Les élèves … un grand dessin.

copie et retiens

un effort - un effet - effrayant - effroyable - effectuer
froid/froide - rond/ronde - lourd/lourde - blond/blonde

CONJUGAISON

Le passé composé

Les verbes comme *chanter* au passé composé

observe

Nous **avons préparé** un exposé sur les chevaux. Je **suis entré** dans la bibliothèque où j'**ai trouvé** des documents, puis tu **as dessiné** un cavalier sur sa monture. Nos camarades **ont posé** des questions. La maîtresse **a affiché** notre travail sur le mur de la classe : « Vous **avez** bien **travaillé** ! »

retiens

Au passé composé, les verbes comme **chanter** s'écrivent en deux mots :
– l'auxiliaire (**avoir** ou **être**) conjugué au présent de l'indicatif ;
– le participe passé du verbe terminé par **-é**.

J'ai trouvé. (Je suis allé.)   Nous avons préparé.
Tu as dessiné.   Vous avez travaillé.
Elle a affiché.   Ils ont posé.

Il ne faut pas confondre le verbe écrit à l'infinitif qui se termine par **-er**, et le participe passé de ce même verbe, qui se termine par **-é**.
Nous avons préparé. (fait)   Nous devons préparer. (faire)

Attention ! Le participe passé employé avec l'auxiliaire **être** s'accorde avec le sujet.
Je suis allé.   →   C'est un garçon qui parle.
Je suis allée.   →   C'est une fille qui parle.
Nous sommes allés.   →   Ce sont des garçons qui parlent.
Nous sommes allées.   →   Ce sont des filles qui parlent.

exercices Corrigé p. 151

238 Écris les verbes au passé composé en changeant les sujets.

Tu as porté ton sac.   J'ai écouté de la musique.
Nous …   M. Loussier …
Vous …   Nous …
Les écoliers …   Tu …
J'…   Vous …
Rachel …   Les auditeurs …

239 Dans ces phrases, souligne le participe passé, encadre l'auxiliaire et écris l'infinitif du verbe conjugué au passé composé.

Nous [avons] gagné un peu de temps.   gagner
Tu as décoré le sapin de Noël.   ...
Vous êtes retournés à la caisse.   ...
La pluie est arrivée en fin de journée.   ...
Nous avons recopié notre devoir.   ...
Le chat est retombé sur ses pattes.   ...
Nous avons nettoyé la cave.   ...
Les clients ont commandé des frites.   ...
J'ai débloqué le verrou de la porte d'entrée.   ...

240 Copie ces phrases en écrivant les verbes entre parenthèses au passé composé.

Nous (protéger) nos livres en les couvrant. - Tu (mélanger) toutes les syllabes de ce mot. - Les skieurs (glisser) sur la neige gelée. - Madame Sauter (présenter) sa carte bancaire à la caissière. - Je (rester) à l'étude. - Vous (ranger) vos affaires dans votre casier. - Les autobus (rentrer) au garage.

241 Écris les noms en couleur au pluriel et accorde les verbes (Attention aux participes passés employés avec être !).

Le mécanicien a démonté les roues pour changer les pneus.
Les mécaniciens ont démonté les roues pour changer les pneus.
Le train est arrivé avec une heure de retard. - La danseuse est entrée en scène sous les applaudissements. - Le joueur a chaussé ses chaussures à crampons. - L'arbre est tombé dans un grand fracas. - Le savant a déchiffré cette écriture mystérieuse.

242 Copie ces phrases en écrivant les verbes entre parenthèses au passé composé.

Nous (accepter) de vous remplacer. - Le chauffeur (éviter) l'accident de justesse. - J'(serrer) les poings pour ne pas me mettre en colère. - Vous (écraser) les pommes de terre pour faire de la purée. - La machine à laver (tomber) en panne. - Tu (ôter) tes vêtements mouillés. - Les vendeuses (emballer) les cadeaux.

copie et retiens

chauffer - le chauffeur - réchauffer - le chauffage - la chaufferie
une partie - une bougie - une toupie - la mairie - l'écurie

Révision

118 *Complète les phrases avec un pronom sujet.*

... as été la dernière à sortir du vestiaire. – ... a été franc : le but n'était pas valable. – ... ai été séduit par ces dessins animés. – ... avons été sur le point de croire ton histoire. – ... ont été trop lentes pour espérer nous rattraper. – ... avez été dans le noir toute la soirée.

119 *Complète les phrases avec le verbe* être *que tu écriras au passé composé.*

Le voyage de M. Rey ... mouvementé.

Nous ... les bienvenus chez nos cousins.

Tu ... admise dans la chorale.

J'... peut-être ... un peu bruyant.

Vous ... emportés par votre élan.

Les salades ... copieusement arrosées.

120 *Écris les verbes au passé composé en changeant les sujets ; attention à l'accord de l'adjectif.*

Heureusement que j'ai eu la force de m'accrocher car j'ai été surprise.
Heureusement, que tu ...
Heureusement, que vous ...
Heureusement, que les alpinistes ...
Heureusement, que nous ...
Heureusement, que le guide ...

Tu as eu un nouveau jeu et tu es allé le montrer à ta sœur.
Alexandre ...
Nous ...
Vous ...
Mes amis ...
J'...

Révision

121 Complète les légendes de ces dessins avec le verbe avoir que tu écriras au passé composé.

Le savant ... une idée géniale.

Nous ... une surprise.

Les souris n'... pas ... peur du chat.

J'... juste le temps de prendre une photographie.

122 Transforme selon le modèle. Fais bien attention aux accords et à l'infinitif.

Nous avons caressé les chatons. → Nous sommes allés caresser les chatons.

J'ai fait du surf sur une piste rouge. ...
Tu as réservé trois places pour le prochain spectacle. ...
Vous avez récité votre poésie au tableau. ...
Ils ont campé dans un bois de pins. ...
Nous avons dessiné une fresque sur le mur de l'école. ...
Le gardien a balayé le couloir. ...

123 Écris le verbe aller au passé composé en changeant le sujet. Fais attention aux accords.

Jordan est allé chez sa grand-mère. Tu ...
Nous sommes allés au rayon des jouets. Vous ...
Tu es allée poster une carte postale. Je ...
Vous êtes allés vous asseoir sur un banc. Ces personnes ...
Je suis allé au concert. Nous ...
Les zèbres sont allés boire à la mare. La gazelle ...

Révision

124 Dans ces phrases, ne souligne que les verbes *faire* qui sont écrits au passé composé.

La poule a fait un œuf. - Les randonneurs font un feu. - Tu feras des bulles de savon. - J'ai fait un essai. - Nous ferons des crêpes. - Vous avez fait la liste de vos commissions. - Si je vois une étoile filante, je ferai un vœu. - Le petit chat fait le gros dos. - Hamed a fait son travail avant d'aller jouer. - Sidonie et Aline ont fait de la danse pendant trois ans. - Tu as fait un clin d'œil à ton ami.

125 Regarde bien le modèle et transforme ces phrases pour dire le contraire.

La tempête a fait des dégâts. → La tempête n'a pas fait de dégâts.

Vous avez fait semblant de pleurer.	...
Tu as fait des tours de cartes à tes amis.	...
J'ai fait brûler la tarte.	...
Grand-mère a fait des confitures.	...
Nous avons fait une partie de football.	...
Les acteurs ont fait rire les spectateurs.	...

126 Relie le verbe à l'infinitif avec la phrase où le verbe est conjugué au passé composé.

déneiger	Vous avez déménagé pendant les vacances.
fermer	Tu as salé le plat de spaghettis.
arriver	Les navires ont quitté le port cette nuit.
saler	Je suis arrivée en avance à l'école.
quitter	Nous avons fermé les valises.
déménager	Les employés ont déneigé les trottoirs.

127 Complète les phrases avec ces verbes que tu écriras au passé composé.

secouer - tremper - éternuer - déplacer - remuer - grimacer - pleurer

Avant de plonger, j'... mon pied dans l'eau.
César ... la queue car il était content.
Comme nous avions froid, nous ... plusieurs fois.
Les enfants ... le prunier pour faire tomber les fruits.
Vous ... le fauteuil pour pouvoir passer.
Chez le dentiste, tu ... mais tu n'... pas ... .

128 Complète les phrases avec l'auxiliaire qui convient.

(suis - ai)	Je me ... trompé de direction.
(es - as)	Tu ... étonné tout le monde.
(est - a)	Bertrand s'... couché à vingt heures.
(sommes - avons)	Nous ... parlé anglais avec nos correspondants.
(êtes - avez)	Vous vous ... réchauffés près du radiateur.
(sont - ont)	Les serpents ... avalé des petits rongeurs.

Révision

129 Copie les phrases en écrivant les verbes en couleur au passé composé.

Je **pêche** avec mon oncle. → **J'ai pêché** avec mon oncle.

Tu **prépares** un cadeau pour tes parents. - Vous **vérifiez** la température de votre bain. - Vos adversaires **renoncent** à se défendre et ils **perdent** la partie. - Je **modifie** la disposition des meubles de ma chambre. - Nous **tournons** les pages du livre une à une. - Des millions de personnes **regardent** le film du dimanche soir.

130 Prends un groupe dans chaque case pour écrire six phrases.

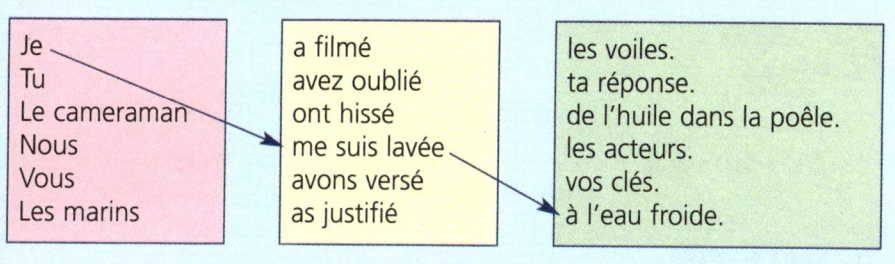

Je	a filmé	les voiles.
Tu	avez oublié	ta réponse.
Le cameraman	ont hissé	de l'huile dans la poêle.
Nous	me suis lavée	les acteurs.
Vous	avons versé	vos clés.
Les marins	as justifié	à l'eau froide.

131 Complète les phrases avec le verbe **aller** au passé composé.

Je … à la patinoire.

Les enfants … au cirque.

M. Durand … chez le coiffeur.

Tu … à Paris.

Nous … au sommet de la montagne.

Vous … à la pizzeria.

125

CONJUGAISON

L'imparfait de l'indicatif

Le verbe *être* à l'imparfait

observe

Mon chien Tapioca et ses petits chiots **étaient** sur leur coussin et moi, j'**étais** sur le balcon. Tout **était** calme. Lorsque tu as sonné, Tapioca a aboyé. Tu n'**étais** pas très rassuré derrière la porte. Pourtant, il n'est pas méchant mais il protège ses chiots.

retiens

J'**étais** sur le balcon.
Tu **étais** sur le balcon.
Elle **était** sur le balcon.

Nous **étions** sur le balcon.
Vous **étiez** sur le balcon.
Ils **étaient** sur le balcon.

exercices Corrigé p. 151

243 Écris le verbe être à l'imparfait en changeant les sujets.
être au supermarché
J'…
M. Courson …
Tu …
Les clients …
Nous …
Vous …

244 Copie ces phrases en écrivant le verbe être à l'imparfait.
L'escalier est à côté de l'ascenseur. - Tu es devant la porte de l'école. - Je suis sur le trottoir. - Les couverts sont dans le tiroir de gauche. - Nous sommes à Toulouse pour Pâques. - Vous êtes magnifiques avec vos cheveux bleus.

245 Complète ces phrases avec le verbe être que tu écriras à l'imparfait.
Les péniches … arrêtées devant l'écluse. - Tu … en pleine répétition pour le concert de samedi. - Vous … en attente des résultats. - J'… en train de chercher un livre intéressant. - Elle … inquiète.

copie et retiens

la répétition - la récréation - l'émotion - la location - la natation
l'escalier - l'escalade - l'escabeau - l'escadrille - l'escalope

CONJUGAISON

L'imparfait de l'indicatif

Le verbe *avoir* à l'imparfait

observe

À quatre ans, j'**avais** un album de coloriage. Chaque objet **avait** une couleur différente et les contours étaient épais. Comme tu en **avais** l'habitude, tu **étais** toujours prêt à m'aider.

retiens

J'**avais** un album.
Tu **avais** un album.
Elle **avait** un album.

Nous **avions** un album.
Vous **aviez** un album.
Ils **avaient** un album.

exercices Corrigé p. 151

246 Copie ces phrases en écrivant les verbes en couleur à l'imparfait.

Les parachutistes n'**ont** pas peur du vide. - J'**ai** des fourmis dans les jambes. - Le gardien de but **a** une casquette pour se protéger du soleil. - Après la course, nous **avons** très soif. - Au centre aéré, vous **avez** beaucoup de camarades. - Pour rentrer chez toi, tu **as** une longue marche à faire.

247 Écris les verbes à l'imparfait en changeant les sujets.

Lorsque j'**étais** à l'école maternelle, j'**avais** une très jolie classe.
Lorsque tu ...
Lorsque Sacha ...
Lorsque nous ...
Lorsque vous ...
Lorsque ces enfants ...

copie et retiens

un cahier - un papier - le gibier - le pilier - le panier
une casquette - la moquette - la raquette - une disquette

CONJUGAISON

L'imparfait de l'indicatif

Le verbe *aller* à l'imparfait

observe

Avec mes parents, nous **allions** acheter les cadeaux pour les fêtes de fin d'année. Pendant qu'ils étaient occupés à choisir, j'**allais** voir le Père Noël. Sa barbe blanche était en coton. Ce n'était pas le vrai !

retiens

J'**allais** voir le Père Noël.
Tu **allais** voir le Père Noël.
Elle **allait** voir le Père Noël.
Nous **allions** voir le Père Noël.
Vous **alliez** voir le Père Noël.
Ils **allaient** voir le Père Noël.

exercices Corrigé p.151

248 Complète ces phrases avec un pronom sujet.

… allais parfois chez ton oncle à Bordeaux. - … allaient au zoo tous les ans pour voir les nouveaux animaux. - … allais changer mes livres à la bibliothèque. - … alliez attendre l'autobus sous un abri. - … allait retirer de l'argent à la banque. - … allions glisser sur le toboggan. - … allaient pêcher au large.

249 Complète ces phrases avec le verbe aller que tu écriras à l'imparfait.

Quand je voyais une sorcière, j'… vite me cacher. - Toute la famille … à la fête de l'école. - Tu … au carnaval déguisé en clown. - Nous … rebrousser chemin quand tu trouvas enfin la sortie. - Vous … vous promener sur la Seine en bateau. - Les musulmans … à la mosquée et les chrétiens … à l'église. - Dans certains villages, les gens … chercher de l'eau au puits.

copie et retiens

l'auto - l'autobus - l'autocar - l'automobile - l'automate
un abri - un mari - un défi - un rôti - un kiwi - un oubli

CONJUGAISON

L'imparfait de l'indicatif

Le verbe *faire* à l'imparfait

observe

Le spectacle a commencé vers neuf heures. Des chevaux effectuaient des tours de piste alors que des acrobates **faisaient** de la voltige sur leur dos. C'était très impressionnant et nous **faisions** tout notre possible pour ne pas crier de peur.

retiens

Je **faisais** de la voltige.   Nous **faisions** de la voltige.
Tu **faisais** de la voltige.   Vous **faisiez** de la voltige.
L'acrobate **faisait** de la voltige.   Des acrobates **faisaient** de la voltige.

exercices   Corrigé p. 151

250 Complète les phrases avec faisais, faisait ou faisaient.

À trois ans, il paraît que je ... plus que mon âge. - Hier après-midi, il ... beau. - Les concurrents ... quatre tours de circuit. - Ce tissu ... des plis. - Tu ... régulièrement de la place pour ranger tes affaires. - Autrefois, les maîtres d'école ... obéir les élèves à l'aide d'une baguette. - En vacances, je ... toujours du sport.

251 Écris les verbes à l'imparfait en changeant les sujets.

Quand j'**étais** en colonie, je **faisais** de grandes balades à pied.
Quand tu ...
Quand Dimitri ...
Quand nous ...
Quand vous ...
Quand Rémi et Charles ...
Quand on ...

copie et retiens

l'âge - l'âne - l'âme - le bâton - le plâtre - le château
la blague - la langue - la drogue - la vague - la fatigue

129

CONJUGAISON

L'imparfait de l'indicatif

Les verbes comme *chanter* à l'imparfait

observe

À l'école maternelle, la maîtresse nous **montrait** des livres et nous **regardions** les images. J'**admirais** surtout les fées qui **transformaient** les animaux en princesses mais tu **refusais** de croire à ces contes et, avec Cindy, vous **préfériez** les histoires de fantômes.

retiens

À l'imparfait de l'indicatif, les verbes terminés par **-er** à l'infinitif ont les mêmes terminaisons : **-ais, -ais, -ait, -ions, -iez, -aient**.
J'admir**ais**.   Nous regard**ions**.
Tu refus**ais**.   Vous préfér**iez**.
Elle montr**ait**.   Elles transform**aient**.

exercices Corrigé p. 151

252 **Complète ces phrases avec un pronom sujet.**

… se retrouvaient tous les dimanches à l'entrée du stade. - Cet hiver … neigeait presque tous les jours. - … copiais ton résumé de géographie sur une feuille blanche. - … limitais ma consommation de chocolat. - Il y a quelques années, … ne téléphonions pas avec des portables. - Malgré le froid, … continuiez de ne porter qu'un petit blouson. - Sur le radeau, … commençaient à manquer d'eau.

253 **Dans ces phrases, souligne les verbes conjugués à l'imparfait et écris leur infinitif.**

Je classais mes photographies pour ne pas les abîmer.   …
Avant de nous décider, nous comparions les prix.   …
Pour le carnaval, tu te déguisais souvent en cosmonaute.   …
Au CP, la matinée débutait par une leçon de lecture.   …
Vous enregistriez les films pour les regarder tranquillement. …
Les produits chimiques empoisonnaient les rivières.   …

254 Transforme ces phrases selon le modèle.

J'ai coupé du pain. → Je coupais du pain.

Tu as respiré l'air pur des montagnes. - Martin a caressé son chat. - Les maçons ont consolidé le mur. - Nous avons rangé nos vêtements. - Vous avez compté votre argent. - J'ai cessé de me plaindre. - Le directeur a sifflé la fin de la récréation. - Les voitures ont stationné sur le trottoir.

255 Écris les verbes à l'imparfait de l'indicatif en changeant les sujets.

Gaëlle **beurrait** les tartines.
Je …
Nous …
Vous …
Mes sœurs …
Tu …

Tu ne **trichais** jamais.
Nous …
Flora …
Je …
Ces joueurs …
Vous …

256 Copie ces phrases en écrivant les verbes entre parenthèses à l'imparfait.

Autrefois, les paysans (moissonner) leurs champs à la faux. - Vous (éclater) de rire devant l'objectif du photographe. - Grand-père (raconter) des histoires invraisemblables. - Les supporters (agiter) des petits fanions. - Nous nous (intéresser) à la vie des baleines. - Je (porter) des bottes en caoutchouc. - Ce chanteur (débuter) toujours son spectacle par la même chanson.

257 Copie ces phrases en écrivant les verbes en couleur à l'imparfait.

Les pirates **attaquent** les navires pleins de marchandises. - Avec une seule boule, tu **renverses** toutes les quilles. - Le magicien ne **dévoile** jamais ses secrets. - Je **goûte** les confitures de ma grand-mère. - Vous **accordez** trop d'importance aux petits détails. - Nous **fermons** les volets dès la nuit tombée. - Le contrôleur **vérifie** les billets. - Les artistes peintres ne **représentent** pas toujours la réalité. - Notre voisin **installe** des paraboles sur les toits.

copie et retiens

une poupée - une dragée - une vallée - une entrée - une pensée
un café - un défilé - un canapé - un curé - un fossé - un marché

Révision

132 Complète cette grille avec les six formes conjuguées du verbe être à l'imparfait puis place-les dans les phrases.

J'… dans un avion.
Tu … au lit.
Olga … sur la poutre.
Nous … à la patinoire.
Vous … au coin de la rue.
Les fleurs … dans un vase.

133 Complète ces phrases avec le verbe être que tu écriras à l'imparfait.

Le film … bien trop long ; je me suis endormie. - Les piles … usées ; il a fallu les changer. - Tu … bronzée comme du pain d'épices. - Le bassin … rempli de poissons rouges. - Les clés … sur la porte. - J'… au bord de la piste. - Vous … sur un manège de chevaux de bois. - Nous … sur la plage.

134 Choisis un groupe dans chaque case pour écrire six phrases.

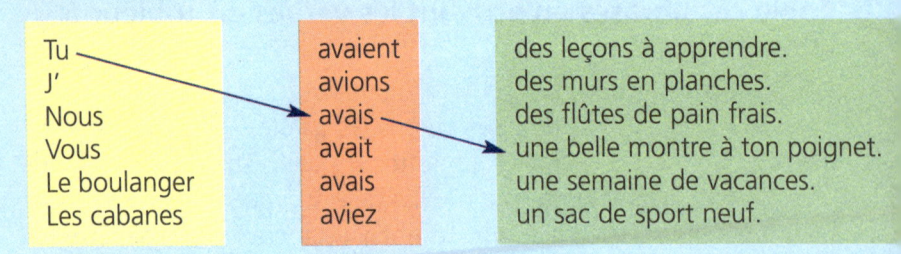

Tu	avaient	des leçons à apprendre.
J'	avions	des murs en planches.
Nous	avais	des flûtes de pain frais.
Vous	avait	une belle montre à ton poignet.
Le boulanger	avais	une semaine de vacances.
Les cabanes	aviez	un sac de sport neuf.

Tu avais une belle montre à ton poignet.
…

135 Conjugue le verbe avoir à l'imparfait, à toutes les personnes.

avoir une trompette   avoir un piano
avoir un violon   avoir un accordéon
avoir une batterie   avoir une flûte

Révision

136 **Complète les phrases par *avais*, *avait* ou *avaient*.**

Tu ... une préférence pour les gâteaux au chocolat. - Les tracteurs ... des roues énormes. - Le skieur ... du matériel perfectionné. - J'... de l'argent dans ma tirelire. - Laurence ... un hamster. - Les acteurs ... des costumes magnifiques. - Tu ... un jeu de petits chevaux. - J'... une calculatrice.

137 **Complète les légendes de ces dessins avec le verbe *aller* que tu écriras à l'imparfait.**

Tu ... au gymnase.

Nous ... pêcher sur le lac.

Les enfants ... regarder une cassette vidéo.

J'... acheter un ticket de métro.

Les joueurs de tiercé ... au champ de courses.

Vous ... dans les gorges de l'Ardèche.

138 **Écris les verbes à l'imparfait en changeant les sujets.**

Quand nous **avions** un moment de libre, nous **allions** jouer aux dés.
Quand vous ...
Quand j'...
Quand tu ...
Quand mes oncles ...
Quand Paméla ...

Révision

139 Complète le tableau en écrivant le verbe *faire* aux temps indiqués.

	présent maintenant	imparfait hier	futur simple demain
faire du sport	tu …	tu …	tu …
faire le pitre	je …	je …	je …
faire de grands gestes	nous …	nous …	nous …
faire la sourde oreille	Eva …	Eva …	Eva …
faire la différence	vous …	vous …	vous …
faire les comptes	elles …	elles …	elles …

140 Ajoute un complément de ton choix à chacune de ces phrases.
Le lundi, nous faisions …
Le mardi, vous faisiez …
Le mercredi, tu faisais …
Le jeudi, je faisais …
Le vendredi, on faisait …
Le samedi, mes parents faisaient …
Et le dimanche, que faisait monsieur Cordel ? …

141 Dans chaque colonne, un verbe n'est pas conjugué à l'imparfait. Encadre-le.

elle coulait
je restais
tu redoubles
nous bougions
vous terminiez
ils déjeunaient

nous nous lavions
vous vous vexez
tu te soignais
il se rasait
je me présentais
elles se maquillaient

j'écoute
tu oubliais
vous démarriez
ils cherchaient
nous nagions
elle refusait

142 Ajoute un complément à chacune de ces phrases.
Tu ne cassais jamais … → Tu ne cassais jamais tes jouets.

Les poids lourds bloquaient …
Au début du printemps, le jardinier retournait …
En voiture, je bouclais toujours …
Avant d'aller au théâtre, nous réservions …
Quand elles étaient sales, tu nettoyais …
Quand ils étaient en forme, les Bleus marquaient …
Après les avoir triées, vous agrafiez …

Révision

143 Complète le tableau en mettant une croix dans la case qui convient.

	présent (cela se passe actuellement)	imparfait (cela s'est déjà passé)
Je soigne mon petit chat.		
L'appartement comporte trois pièces.		
Nous campions dans la forêt.		
Tu m'accompagnais au marché.		
Vous repassiez vos pantalons.		
Les phares éclairent la chaussée.		
Les élèves racontaient leur voyage.		
Je me régale avec ces éclairs.		

144 Transforme ces phrases selon le modèle.

Tu venais d'escalader la falaise. → **Tu escaladais la falaise.**

Je venais de réaliser mon projet. ...
Vous veniez de composer un faux numéro. ...
Tu venais de te brûler les doigts. ...
Colin venait de sécher ses cheveux. ...
Nous venions de départager les deux adversaires. ...
Les électeurs venaient de voter. ...

145 Complète chaque phrase avec le verbe qui convient ; tu l'écriras à l'imparfait.

signer - galoper - déshabiller - entraîner - chasser - doucher - maltraiter - emprunter - profiter

M. Demonchy ... beaucoup de chèques.
Les chevaux ... dans les prés.
Tu te ... avant de plonger.
Nous nous ... à lancer des fléchettes.
Je ... les papillons.
Vous vous ... sous l'eau froide.
Furieux, Emmanuel ... la télécommande du téléviseur.
Les Parisiens ... assez souvent le métro.
Nous ... des derniers rayons de soleil.

Tableaux de conjugaison

ÊTRE

INDICATIF

Présent	Imparfait	Futur simple	Passé composé
je suis	j' étais	je serai	j' ai été
tu es	tu étais	tu seras	tu as été
elle est	elle était	elle sera	elle a été
nous sommes	nous étions	nous serons	nous avons été
vous êtes	vous étiez	vous serez	vous avez été
ils sont	ils étaient	ils seront	ils ont été

AVOIR

INDICATIF

Présent	Imparfait	Futur simple	Passé composé
j' ai	j' avais	j' aurai	j' ai eu
tu as	tu avais	tu auras	tu as eu
elle a	elle avait	elle aura	elle a eu
nous avons	nous avions	nous aurons	nous avons eu
vous avez	vous aviez	vous aurez	vous avez eu
ils ont	ils avaient	ils auront	ils ont eu

1er groupe — MARCHER

INDICATIF

Présent	Imparfait	Futur simple	Passé composé
je march e	je march ais	je marcher ai	j' ai marché
tu march es	tu march ais	tu marcher as	tu as marché
elle march e	elle march ait	elle marcher a	elle a marché
nous march ons	nous march ions	nous marcher ons	nous avons marché
vous march ez	vous march iez	vous marcher ez	vous avez marché
ils march ent	ils march aient	ils marcher ont	ils ont marché

1er groupe — ESSUYER

INDICATIF

Présent	Imparfait	Futur simple	Passé composé
j' essui e	j' essuy ais	j' essuier ai	j' ai essuyé
tu essui es	tu essuy ais	tu essuier as	tu as essuyé
elle essui e	elle essuy ait	elle essuier a	elle a essuyé
nous essuy ons	nous essuy ions	nous essuier ons	nous avons essuyé
vous essuy ez	vous essuy iez	vous essuier ez	vous avez essuyé
ils essui ent	ils essuy aient	ils essuier ont	ils ont essuyé

Tableaux de conjugaison

1er groupe — JETER

INDICATIF

Présent	Imparfait	Futur simple	Passé composé
je jett e	je jet ais	je jetter ai	j' ai jeté
tu jett es	tu jet ais	tu jetter as	tu as jeté
elle jett e	elle jet ait	elle jetter a	elle a jeté
nous jet ons	nous jet ions	nous jetter ons	nous avons jeté
vous jet ez	vous jet iez	vous jetter ez	vous avez jeté
ils jett ent	ils jet aient	ils jetter ont	ils ont jeté

1er groupe — APPELER

INDICATIF

Présent	Imparfait	Futur simple	Passé composé
j' appell e	j' appel ais	j' appeller ai	j' ai appelé
tu appell es	tu appel ais	tu appeller as	tu as appelé
elle appell e	elle appel ait	elle appeller a	elle a appelé
nous appel ons	nous appel ions	nous appeller ons	nous avons appelé
vous appel ez	vous appel iez	vous appeller ez	vous avez appelé
ils appell ent	ils appel aient	ils appeller ont	ils ont appelé

1er groupe — ESPÉRER

INDICATIF

Présent	Imparfait	Futur simple	Passé composé
j' espèr e	j' espér ais	j' espérer ai	j' ai espéré
tu espèr es	tu espér ais	tu espérer as	tu as espéré
elle espèr e	elle espér ait	elle espérer a	elle a espéré
nous espér ons	nous espér ions	nous espérer ons	nous avons espéré
vous espér ez	vous espér iez	vous espérer ez	vous avez espéré
ils espèr ent	ils espér aient	ils espérer ont	ils ont espéré

1er groupe — LEVER

INDICATIF

Présent	Imparfait	Futur simple	Passé composé
je lèv e	je lev ais	je lèver ai	j' ai levé
tu lèv es	tu lev ais	tu lèver as	tu as levé
elle lèv e	elle lev ait	elle lèver a	elle a levé
nous lev ons	nous lev ions	nous lèver ons	nous avons levé
vous lev ez	vous lev iez	vous lèver ez	vous avez levé
ils lèv ent	ils lev aient	ils lèver ont	ils ont levé

Tableaux de conjugaison

2ᵉ groupe — FINIR

INDICATIF

Présent	Imparfait	Futur simple	Passé composé
je fini s	je finiss ais	je finir ai	j' ai fini
tu fini s	tu finiss ais	tu finir as	tu as fini
elle fini t	elle finiss ait	elle finir a	elle a fini
nous fini ssons	nous finiss ions	nous finir ons	nous avons fini
vous fini ssez	vous finiss iez	vous finir ez	vous avez fini
ils fini ssent	ils finiss aient	ils finir ont	ils ont fini

3ᵉ groupe — METTRE

INDICATIF

Présent	Imparfait	Futur simple	Passé composé
je met s	je mett ais	je mettr ai	j' ai mis
tu met s	tu mett ais	tu mettr as	tu as mis
elle met	elle mett ait	elle mettr a	elle a mis
nous mett ons	nous mett ions	nous mettr ons	nous avons mis
vous mett ez	vous mett iez	vous mettr ez	vous avez mis
ils mett ent	ils mett aient	ils mettr ont	ils ont mis

3ᵉ groupe — PRENDRE

INDICATIF

Présent	Imparfait	Futur simple	Passé composé
je prend s	je pren ais	je prendr ai	j' ai pris
tu prend s	tu pren ais	tu prendr as	tu as pris
elle prend	elle pren ait	elle prendr a	elle a pris
nous pren ons	nous pren ions	nous prendr ons	nous avons pris
vous pren ez	vous pren iez	vous prendr ez	vous avez pris
ils prenn ent	ils pren aient	ils prendr ont	ils ont pris

3ᵉ groupe — COURIR

INDICATIF

Présent	Imparfait	Futur simple	Passé composé
je cour s	je cour ais	je courr ai	j' ai couru
tu cour s	tu cour ais	tu courr as	tu as couru
elle cour t	elle cour ait	elle courr a	elle a couru
nous cour ons	nous cour ions	nous courr ons	nous avons couru
vous cour ez	vous cour iez	vous courr ez	vous avez couru
ils cour ent	ils cour aient	ils courr ont	ils ont couru

Tableaux de conjugaison

3ᵉ groupe — SAVOIR

INDICATIF

Présent	Imparfait	Futur simple	Passé composé
je sai s	je sav ais	je saur ai	j' ai su
tu sai s	tu sav ais	tu saur as	tu as su
elle sai t	elle sav ait	elle saur a	elle a su
nous sav ons	nous sav ions	nous saur ons	nous avons su
vous sav ez	vous sav iez	vous saur ez	vous avez su
ils sav ent	ils sav aient	ils saur ont	ils ont su

3ᵉ groupe — VENIR

INDICATIF

Présent	Imparfait	Futur simple	Passé composé
je vien s	je ven ais	je viendr ai	je suis venu(e)
tu vien s	tu ven ais	tu viendr as	tu es venu(e)
elle vien t	elle ven ait	elle viendr a	elle est venue
nous ven ons	nous ven ions	nous viendr ons	nous sommes venu(e)s
vous ven ez	vous ven iez	vous viendr ez	vous êtes venu(e)s
ils vienn ent	ils ven aient	ils viendr ont	ils sont venus

3ᵉ groupe — ALLER

INDICATIF

Présent	Imparfait	Futur simple	Passé composé
je vai s	j' all ais	j' ir ai	je suis allé(e)
tu va s	tu all ais	tu ir as	tu es allé(e)
elle va	elle all ait	elle ir a	elle est allée
nous all ons	nous all ions	nous ir ons	nous sommes allé(e)s
vous all ez	vous all iez	vous ir ez	vous êtes allé(e)s
ils v ont	ils all aient	ils ir ont	ils sont allés

3ᵉ groupe — FAIRE

INDICATIF

Présent	Imparfait	Futur simple	Passé composé
je fai s	je fais ais	je fer ai	j' ai fait
tu fai s	tu fais ais	tu fer as	tu as fait
elle fai t	elle fais ait	elle fer a	elle a fait
nous fais ons	nous fais ions	nous fer ons	nous avons fait
vous fai tes	vous fais iez	vous fer ez	vous avez fait
ils f ont	ils fais aient	ils fer ont	ils ont fait

Tableaux de conjugaison

3ᵉ groupe — DIRE

INDICATIF

Présent	Imparfait	Futur simple	Passé composé
je dis	je disais	je dirai	j'ai dit
tu dis	tu disais	tu diras	tu as dit
elle dit	elle disait	elle dira	elle a dit
nous disons	nous disions	nous dirons	nous avons dit
vous dites	vous disiez	vous direz	vous avez dit
ils disent	ils disaient	ils diront	ils ont dit

3ᵉ groupe — ASSEOIR

INDICATIF

Présent	Imparfait	Futur simple	Passé composé
j'assieds	j'asseyais	j'assiérai	j'ai assis
tu assieds	tu asseyais	tu assiéras	tu as assis
elle assied	elle asseyait	elle assiéra	elle a assis
nous asseyons	nous asseyions	nous assiérons	nous avons assis
vous asseyez	vous asseyiez	vous assiérez	vous avez assis
ils asseyent	ils asseyaient	ils assiéront	ils ont assis

3ᵉ groupe — VOIR

INDICATIF

Présent	Imparfait	Futur simple	Passé composé
je vois	je voyais	je verrai	j'ai vu
tu vois	tu voyais	tu verras	tu as vu
elle voit	elle voyait	elle verra	elle a vu
nous voyons	nous voyions	nous verrons	nous avons vu
vous voyez	vous voyiez	vous verrez	vous avez vu
ils voient	ils voyaient	ils verront	ils ont vu

3ᵉ groupe — POUVOIR

INDICATIF

Présent	Imparfait	Futur simple	Passé composé
je peux	je pouvais	je pourrai	j'ai pu
tu peux	tu pouvais	tu pourras	tu as pu
elle peut	elle pouvait	elle pourra	elle a pu
nous pouvons	nous pouvions	nous pourrons	nous avons pu
vous pouvez	vous pouviez	vous pourrez	vous avez pu
ils peuvent	ils pouvaient	ils pourront	ils ont pu

Tableaux de conjugaison

3ᵉ groupe — PARTIR

INDICATIF

Présent	Imparfait	Futur simple	Passé composé
je par s	je part ais	je partir ai	je suis parti(e)
tu par s	tu part ais	tu partir as	tu es parti(e)
elle par t	elle part ait	elle partir a	elle est partie
nous part ons	nous part ions	nous partir ons	nous sommes parti(e)s
vous part ez	vous part iez	vous partir ez	vous êtes parti(e)s
ils part ent	ils part aient	ils partir ont	ils sont partis

3ᵉ groupe — DEVOIR

INDICATIF

Présent	Imparfait	Futur simple	Passé composé
je dois s	je dev ais	je devr ai	j' ai dû
tu dois s	tu dev ais	tu devr as	tu as dû
elle doi t	elle dev ait	elle devr a	elle a dû
nous dev ons	nous dev ions	nous devr ons	nous avons dû
vous dev ez	vous dev iez	vous devr ez	vous avez dû
ils doiv ent	ils dev aient	ils devr ont	ils ont dû

3ᵉ groupe — MOURIR

INDICATIF

Présent	Imparfait	Futur simple	Passé composé
je meur s	je mour ais	je mourr ai	je suis mort(e)
tu meur s	tu mour ais	tu mourr as	tu es mort(e)
elle meur t	elle mour ait	elle mourr a	elle est morte
nous mour ons	nous mour ions	nous mourr ons	nous sommes mort(e)s
vous mour ez	vous mour iez	vous mourr ez	vous êtes mort(e)s
ils meur ent	ils mour aient	ils mourr ont	ils sont morts

3ᵉ groupe — VOULOIR

INDICATIF

Présent	Imparfait	Futur simple	Passé composé
je veu x	je voul ais	je voudr ai	j' ai voulu
tu veu x	tu voul ais	tu voudr as	tu as voulu
elle veu t	elle voul ait	elle voudr a	elle a voulu
nous voul ons	nous voul ions	nous voudr ons	nous avons voulu
vous voul ez	vous voul iez	vous voudr ez	vous avez voulu
ils veul ent	ils voul aient	ils voudr ont	ils ont voulu

Corrigé des exercices

ORTHOGRAPHE D'USAGE

1 anorak : 3 ; manteau : 2 ; chemise : 3 ; peignoir : 2 ; pantalon : 3 ; cravate : 3 ; ceinture : 3 ; collant : 2 ; veste : 2 ; combinaison : 4 ; jupe : 2 ; foulard : 2

2 pro-blème ; problè-me ; di-manche ; diman-che ; jan-vier ; ma-chine ; machi-ne ; ca-verne ; caver-ne ; fu-mée ; bal-lon ; lé-gume ; légu-me

3 l'échelle - l'abricot - l'éléphant - l'image - l'enfant - l'épaule - l'unité - l'argent

4 Lorsqu'il pleut, Karine s'abrite sous un parapluie. - L'autobus n'est pas à l'heure. - L'homme s'envolera un jour en direction de la planète Mars. - Laurent boit un grand verre d'eau.

5 tu t'écartes - je m'occupe - les portes du wagon s'ouvrent - les automates s'animent

6 Ce film comique plaît à tous les enfants. - La neige recouvre les voitures garées sur le trottoir. - Il ne faut pas jeter les bouteilles en verre n'importe où.

7 Donovan adore les jeux électroniques. - Roxane porte un collier en or. - Ces œufs à la coque sont délicieux.

8 Le client demande une réduction au vendeur. - Quel est l'animal qui a le plus long cou ? - Quand apprendras-tu le chinois ?

9 f-g-h ; d-e-f ; a-b-c ; o-p-q ; u-v-w ; q-r-s ; k-l-m ; h-i-j ; n-o-p ; s-t-u ; l-m-n ; e-f-g

10 courir ; filet ; gros ; laver ; porte ; beau ; nuit ; plage ; samedi ; timbre

11 marron ; mesurer ; miroir ; moulin ; mur - galet ; gamin ; garage ; gâteau ; gazon - céder ; cendre ; centaine ; cercle ; cerise

12 un caleçon - la trace - le français - un reçu - l'électricité - la balançoire - le citron - la chance

13 nous prononçons - Le robot s'avance d'un air menaçant. - le bébé suce - les joueurs lancent - ne sois pas déçu - en commençant - nous commençons

14 la leçon - le glaçon - le maçon - l'hameçon

15 le réveil - le médecin - la récitation - le régime - un détail - la santé - le regard - une hélice - la mélodie - l'école - la variété - une réduction - le président - réunir - pénible - demain

16 Je réfléchis avant de prendre ma décision. - Le défilé fait un détour pour éviter le centre de la ville. - Félix a cassé la pédale de son vélo. - Le jour de la rentrée, j'ai retrouvé mes camarades. - René a un éléphant tatoué sur l'épaule.

17 elle a téléphoné - les élèves ont dessiné - le cheval a galopé

18 un frère - le mètre - une flèche - le reste - la crème - de l'herbe - une lettre - un carnet - une voyelle - la paupière - un siège - la perte - après - la chèvre - la vaisselle - le gruyère

19 Il n'y a que dans les dessins animés que l'on voit des panthères roses. - La barrière est fermée ; on devra faire un long détour. - Quelle différence y a-t-il entre un lapin et un lièvre ? - Les spectateurs applaudissent les acteurs qui défilent sur la scène.

20 la fête - belle - la bête - verte - prêter - la terre - un arrêt - la tempête - la fenêtre - le genou - la grêle - la veste - la bêtise - la grenouille - la crevette

21 l'hôpital - la clôture - le côté - un hôtel - un château - un bateau - un tableau - un chameau

22 la pâte à crêpes - un gâteau à la crème - jouer de la flûte à bec - la piqûre d'une guêpe - laisser brûler le rôti - s'installer sur le trône - aller à la pêche - la croûte du pain - une arête de poisson

23 je mange une poule - ta boule de pétanque - une pelle de sable - sa belle coiffure - il faut boire - la poire est plus juteuse

24 la partie - la barque - le beurre - une part - le ballon - la peur - tomber - la barbe

25 des cheveux blonds - l'ombre de l'arbre - remplir une bouteille - s'abriter sous le préau - du sable blanc - une étoile brillante

Corrigé des exercices

▼26 la douche - le diable - une table - une tasse

▼27 la dent - la route - la nature - samedi - la carte - une tarte - le retour - le facteur ; une montre de plongée - un drapeau tricolore - descendre du trottoir - tracer une ligne droite

▼28 un enfant - pouvoir - se laver le visage - observer - le plafond - parler d'une voix paisible - novembre - un pavé - inventer une histoire - un œuf - la femme - faire un faux mouvement - mauvais - servir - fermer la valise - un navire - le feuillage - se réveiller de bonne heure

▼29 un fromage de chèvre - se frotter les mains - franchir la frontière - avoir de la fièvre - un pauvre animal blessé - serrer le frein du vélo - ouvrir la porte d'entrée - vivre en France - une vraie frayeur - délivrer un prisonnier

▼30 la fumée - la lune - une maison - un mouton

▼31 Quand Serge est malade, il va chez le médecin. - Le jour du carnaval, chaque enfant porte un costume différent. - Le lion est un animal sauvage. - Monsieur Demond a rasé sa moustache. - Sans neige, on ne peut pas faire de ski. - Dans une semaine, il y a sept jours. - On range le linge dans l'armoire.

▼32 la chemise - la mouche - la girafe - un journal

▼33 un chapeau - le jardin - un objet - la douche - jaune - marcher - la joie - jeter ; un mouchoir rouge - l'image d'un château (d'un gâteau) - nager dans une eau chaude - se coucher dans la neige

▼34 un timbre - entourer - une éponge - un combat - le printemps - la longueur - le contrôleur - le jambon - le plongeoir - une framboise - un champignon - ensemble

▼35 d'ombre - la réponse - les pompiers - les bonbons - un nombre - combien

▼36 le champion - une danse - un camp (un camping) - son tambour

▼37 la sorcière - la terre - le terrain - le marin - la barrière - la fourrure - la purée - la direction - l'arrivée - courir - se nourrir - mourir

▼38 tu appuies - un chapeau - échappe - appeler - qui frappe - les supporters - les élèves copient - la soupe

▼39 un tonneau - abandonner - un bonnet - la sonnette - des lunettes - le dîner - se réunir - le téléphone - annoncer - connaître - un canon - le crâne

▼40 on utilise un bâton - un peu de carottes - les visiteurs pénètrent dans la grotte - une casquette - des assiettes - une magnifique crête - quelques gouttes - Heidi goûte

▼41 la colle - le poulet - le ballon - le milieu - emballer - la violette - le boulon - la bulle - la colonne - un balai - un boulet - tranquille - la colline - s'installer - un million - une allumette - la colère - la ville - l'échelle - un rôle

▼42 un coffre-fort - l'arbitre siffle - le chauffage - l'affiche - le coureur souffre - de coiffure - les plafonds - on étouffe

▼43 flotte - une couronne - la lionne - des bottes - une enveloppe - applaudissent - du beurre

▼44 les femmes - d'immeubles - un programme - le trottoir - un accent - la recette - une collection

▼45 le radis - un croissant - le nord - un cadenas - le toit - le bois - le verglas - le prix - le drap - le fond - le camp - le sang

▼46 un trou profond - un cheveu blond - un pelage doux - un jeu amusant - un petit couteau - un nuage gris - un pull blanc

▼47 le combat - le refus - l'accord - le rang - l'éclat - le récit - le galop - le retard - le poignard

▼48 Le pays est désert. - Le potage est épais. - Le temps est frais. - Cet homme est élégant. - Le fruit est vert.

▼49 un outil - le lilas - la croix - un soldat - un concours - un robot - un palais - le loup - le buvard - le chocolat - du sirop - un escargot - le poids - un pied - un gant - un foulard - le circuit - le nœud - un croquis - un parfum

▼50 le marchand - un géant - un habitant - un marquis - un commerçant - un candidat - un Français - un saint - un président

▼51 le bruit - le sport - le climat - le serpent - le quart - le plat - le riz - le lait - la dent

▼52 l'ombre - honnête - un homme - l'oreille - une usine - en hauteur - l'hôpital - une opération - une image - horrible

143

Corrigé des exercices

53 le haricot - l'habitant - le héron - l'huître - le homard - l'hôtel - la hutte - l'hélice - le hérisson - l'honneur - la haie - l'hirondelle

54 *on entend* [z] : la cuisine - la poésie - le raisin - la maison - l'ardoise - un oiseau - le plaisir - un casier - la raison
on entend [s] : la cuisse - aussitôt - la casserole - pousser - la politesse - le chasseur - un classeur

55 la pelouse - une saison - se reposer - un magazine - bronzer - l'église - un lézard - de fraises

56 une cigarette - un secret - le savon - la sécurité - le cercle - la sirène - la circulation - sérieux - le sang - savoir - une cédille - simple - la cerise - la salade - séparer - la cérémonie - le cinéma - cinquante - la semaine - la ceinture

57 la naissance - la dépense - presque - rester - traverser - une trousse - transporter - le passage - sursauter - intéressant - la maîtresse - laisser - un frisson - inscrire - un mystère - un monstre

58 féroce - l'hélice - une réponse - danser la valse - une statue - au spectacle - la police - des traces

59 plusieurs solutions - l'horizon - douze mois - le gazon - une division - leur trésor

60 un anniversaire - le buisson - cassé - la vaisselle - le fossé - un bracelet

61 une épaule - un crapaud - un chapeau - une chaussure

62 f<u>au</u>teuil - <u>au</u>tobus - <u>au</u>truche - h<u>au</u>teur - b<u>eau</u> - r<u>o</u>se - p<u>au</u>vre - ph<u>o</u>to - d<u>o</u>se - rep<u>o</u>ser

63 du piano - <u>au</u>jourd'hui - la b<u>eau</u>té - le tuy<u>au</u> - le drap<u>eau</u> - sous le pré<u>au</u>

64 un échafaudage - l'artichaut - un kilogramme - autrefois - des sabots - Le cheval sauvage part au galop. - le numéro - des chariots - la purée d'aubergines - les touristes se protègent sous un parasol

65 un anneau - un cachot - un écriteau - un rideau - un kimono - un bateau - un cageot - du sirop - la radio - un chameau - un lavabo - un maillot - un couteau - une moto - un château - un réchaud - un troupeau - un museau - un défaut - un bureau

66 un vautour - la saucisse - la chose - un ordinateur - la chaudière - une robe - solide - le restaurant - grossir - le moteur - le pilote - une autorisation - autrement - la corde - le soldat - une omelette - l'auberge - l'école - une bosse - l'opération - causer - apporter - le studio - le chocolat

67 le <u>c</u>aramel - la pla<u>qu</u>e - in<u>qu</u>iet - le bas<u>k</u>et - le <u>qu</u>artier - <u>qu</u>otidien - l'édu<u>c</u>ation - un tru<u>c</u> - la <u>c</u>arotte - man<u>qu</u>er - la <u>k</u>ermesse - mar<u>qu</u>er - un <u>c</u>adran - un <u>c</u>asque - le <u>c</u>amping - le s<u>k</u>i - un judo<u>k</u>a - l'élasti<u>qu</u>e - une <u>qu</u>iche - le <u>c</u>arillon - un mas<u>qu</u>e - une <u>c</u>aisse - un pla<u>c</u>ard - se pi<u>qu</u>er

68 un képi - un camion - une coquille (ou un coquillage) - une caravane

69 le quai - leur casquette - le café avec ou sans sucre - confondre - de clés - le vendeur complète les étiquettes ; les clients - une crêpe à la confiture d'abricot

70 le rock - une équerre - comme un perroquet - le hoquet - une couette - un crocodile - un catalogue - une cravate

71 le carton - la qualité - une cloche - un crochet - quarante - le calcul - un compas - un canapé - un kiwi - du ketchup - un corsage - un couloir - la question - une quantité - quelquefois - un camembert

72 l'anorak - la banque - le déclic - comique - lorsque - un aqueduc - magique - le trafic - la laque - le plastique - l'Afrique - la musique - le lac - le public - le hamac - le kayak

73 pourquoi - le parquet - l'acteur ; une magnifique perruque - ces haricots

74 un plongeon (une plongeuse) - la bougie - un manège - une luge

75 une horloge - fragile - la nageoire - le siège - la région - le cortège - la gelée - un cageot ; le donjon - le régime - la plage - le vertige - joli - un bijou - le jardin - une éponge

76 gourmand - la <u>g</u>uirlande - la <u>g</u>auche - le ma<u>g</u>asin - la va<u>g</u>ue - le <u>g</u>arage - un <u>g</u>osse - ré<u>g</u>ulier - le <u>g</u>uide - le <u>g</u>âteau - regarder - rigoler - goûter - navi<u>g</u>uer - le <u>g</u>uépard - <u>g</u>uetter - la <u>g</u>raine - le <u>g</u>ant - la longueur - le wa<u>g</u>on - le <u>g</u>azon - la <u>g</u>uitare - le <u>g</u>uichet - la <u>g</u>uerre

144

Corrigé des exercices

77 la langue - de guêpe - une gomme - un légume - les bagages - c'est fatigant - le dragon

78 un singe - un train - une main - un moulin

79 maintenant - le refrain - le lapin - le ravin - le gain - le bassin - un jardin - imprimer - le linge - le vaccin - le parrain - le raisin - imprudent - certain - une étincelle - le lointain

80 *le [ɛ] s'écrit ei* : un peigne - treize - la veine - freiner - la baleine - la reine - beige
le [ɛ] s'écrit ai : la maison - le portrait - la caisse - mauvais - frais - le contraire - le raisin - vraiment - plaire - solitaire - le militaire - le maire - le vinaigre

81 la graine - se renseigner - l'anniversaire - raide - la raison - un beignet - graisser - seize - la fontaine - la laine - l'haleine - une gaine

82 le balai - un objet - le palais - la craie - le lait - le sifflet - la monnaie - la forêt - l'essai - le souhait - la paix - le marais

83 dimanche - le lendemain - l'orange - s'endormir - le calendrier - un aliment - encore - la branche

84 l'océan - un serpent - transparent - un parent - le torrent - un instant - souvent - charmant

85 le champignon - décembre - emporter - enfermer - le dentiste - l'ambulance - un employé - le printemps

86 se trouve avant - avant de jeter - après neuf heures - après beaucoup d'efforts - trois semaines après - avant le lever du soleil

87 un saut dans la piscine - viens chez moi - chez le coiffeur - chez les Écossais - dans le bon ordre - dans une mauvaise position

88 il ne neige jamais - toujours tort - ce chien aboie toujours - toujours s'arrêter - je n'en ai jamais vu

89 ce bébé marche déjà - pendant tout le film - maintenant il suffit - sous la douche - il y avait parfois - sans prendre

90 hier je regardais - demain nous serons en vacances - entre les voitures - nous sommes enfin arrivés - pas resté longtemps - bientôt elle saura nager - voyagé debout

91 derrière les caisses - Souad va toujours à l'école - après la publicité - les élèves monteront maintenant - il y a beaucoup de monde - moins de trente kilos

92 vers le joueur - avec une raquette - plusieurs solutions - comme un œuf - lorsque les pneus - contre le mur - il n'y a rien à faire

93 son seau ; un saut prodigieux - un coup de pied ; autour du cou - Manuel boit ; dans le bois

94 dent ; dans - père ; perd - car ; quart - cours ; cour - maître ; mettre - fois ; foie

95 M. Hoquet tond - près de la voie ferrée - la roue de la brouette - un peu de sel - jamais de vin - la pâte à crêpes - la mère Michel

96 au port ; de viande de porc - un renne tire ; la méchante reine - Éloi pousse un cri ; son pouce - la fin du concert ; si l'on n'a pas faim - le prix ; a pris

ORTHOGRAPHE GRAMMATICALE

97 *noms communs* : le chemin - un frère - la gloire - une histoire - un visiteur - le rire - un trottoir - le dîner - une figure - la mairie - l'ogre - une porte
noms propres : la Belgique - les Français - la Loire - Cendrillon - les Pyrénées - Marseille - Karine - Mozart - Molière - les Alpes

98 le Titanic - Blanche-Neige - la France - la Tour Eiffel

99 en vue de la Corse - Séverine peut devenir policier - Maxime apprend à jouer - Pasteur a découvert - Ariane a été lancée - beaucoup de touristes visitent la Bretagne - Robert Sabatier a écrit un livre

100 Pour Noël, la famille Chabert est réunie autour du sapin. - Les Gaulois avaient peur que le ciel leur tombe sur la tête. - Certaines nuits, on aperçoit les étoiles de la Grande Ourse. - Tu lis volontiers les aventures de Fantômette. - Un musée est installé dans le château du Louvre. - L'empereur Napoléon 1er est allé en Égypte pour faire la guerre contre les Turcs.

101 *exemples* : Paris - les Vosges - la Belgique - Balzac - Hervé - Zidane - le Rhône - Jacques Chirac

102 Avec son ami Pierre, Michel prend le métro à la station République pour aller au stade de Gerland voir un match de football. L'équipe de France rencontre celle d'Espagne. Ils sont contents car Thierry Henry va jouer avec le numéro 10. Avant le début de la partie, l'arbitre, monsieur Védrine, appelle les deux capitaines qui se serrent la main.

Corrigé des exercices

103 une caissière - une cuisinière - une chanteuse - une cavalière - une coiffeuse - une hôtesse de l'air

104 une rivière - une carte - un sucre - une barbe - une histoire - une plume - une route - un animal - un costume - une croix - un arbre - un papier - une chambre - un journal - une remarque - une usine

105 une surveillante - une ourse - une sainte - une mendiante - une passante - une cliente - une marchande - une gamine - une cousine

106 une ouvrière - une écolière - une postière - une étrangère - la première - une infirmière - une gauchère - une bergère - une bouchère

107 une campeuse - une vendeuse - une skieuse - une patineuse - une coureuse - une nageuse - une menteuse - une joueuse - une voyageuse

108 une aviatrice - une décoratrice - une lectrice - une spectatrice - une admiratrice - une éducatrice - une institutrice - une monitrice - une électrice

109 une paysanne - une collégienne - une espionne - une patronne - une lionne - une magicienne

110 un nombre - un cahier - des stylos - un mouton - des risques - des dessins - un verre - un volant - des parents - des mots - des chants - des jours - des timbres - des spectateurs - un poulet - un arbre

111 des planches - une dinde - des perles - une rose - des mains - une pluie - des barques - des chemises - une tartine - des lettres - une surprise - une couverture - des boucles - une jambe - une bataille - des usines

112 les rues - les magasins - les escaliers - les fenêtres - les cuisines - les camions - les portes - les livres - les chiens - les garages - les voitures - les classes - les villes - les billets - les pièces - les ballons - les crayons - les photos - les appareils - les carnets

113 des hommes - des lions - des routes - des chats - des lapins - des plantes - des ordres - des paroles - des images - des films - des poupées - des salades - des filles - des avions - des crayons - des lampes - des gouttes - des lettres - des idées - des escaliers

114 les tableaux - le jeu - le ruisseau - les noyaux - le préau - les rideaux - le neveu - le gâteau - les aveux - le chapeau - les lieux - les adieux - le feu - les pinceaux - les châteaux - le milieu

115 les boyaux - les dieux - les chameaux - les poireaux - les ouvriers - les trains - les morceaux - les détails - les rouleaux - les groupes - les cloches - les seaux - les poissons - les ciseaux - les rayons - les paroles

116 Les conducteurs regardent les panneaux au bord de la route. - des cadeaux - des bouteilles d'huile d'olive - les enfants admirent les manèges - les torchons et les serviettes - Les voitures stationnent sur les trottoirs.

117 des tas ; de pierres - des tournois - des chaussures - des pneus - des essais - des oiseaux - d'enfants - des numéros

118 ma meilleure amie - une profonde crevasse - une table ronde - une carte postale - une réponse exacte - une maison ancienne - une chanteuse débutante - une dent creuse - une violente averse

119 brûlante - ouverte - froide - mauvaise - déserte - différente - droite

120 gracieuse - ennuyeuse - heureuse - joyeuse

121 épaisse - vieille - longue - blanche

122 morte - vive - sèche - peureuse - folle

123 contente - parfait - bonne - ronde - longue - gratuite

124 une amie fidèle et généreuse - une vendeuse serviable et compétente - une petite fille distraite - une voisine bavarde et familière - une grosse chienne pas méchante - une chatte câline et obéissante

125 de jeunes chatons - des voitures rapides - des lettres majuscules - des objets fragiles

126 des récoltes abondantes - des produits invendables - des sourires moqueurs - des noms masculins - des appareils ménagers - des entrées libres - des fleurs jaunes - des défilés militaires - des températures moyennes - des formules magiques

127 intéressants - légères - spéciales - brutaux - difficiles - généreux

128 des sons musicaux - des traitements médicaux - des chèques postaux - des hommes inquiets - des repas familiaux - des combats loyaux - des lumières douces - des spectateurs contents - des signaux lumineux - des jolis tableaux - des animaux capricieux - des fruits juteux

129 sérieuses - beaux - épaisses - manuels - bons - étranges - gentilles

Corrigé des exercices

130 ma montre - leur salle - son magnifique château - mon crayon - notre camp - ton téléphone - sa niche - ta chambre - votre appartement

131 nos parents - ses devoirs - vos nouvelles chaussures - tes cheveux - leurs oreilles - mes jambes

132 ce film - cet animal - ces gros nuages - cette bague

133 quel pays - quelle belle journée - quels animaux - quelles montagnes

134 mon coffret - cette cheminée - ce dictionnaire - ces clients - mes cousins - ton épaule - leurs exploits - notre drapeau - son écriture - cet éléphant - tes doigts - leur idée

135 quelques petits oiseaux - aucune étoile - au marché forain - tous les arbres morts - aux personnes inconnues - certains gâteaux secs

136 quel ordre - ces poteaux - au gymnase - ses habitudes - quelques melons

137 tous les coureurs - aux barreaux - quelle hauteur - plusieurs solutions - aucun bouton

138 78 - 51 - 44 - 26 - 52 - 70 - 23 - 17 - 91 - 39 - 75

139 douze secondes - sept groupes - trente-deux cartes - treize litres - dix doigts - vingt-cinq élèves - vingt-trois morceaux - dix-neuf kilogrammes - dix-sept points - onze lampes - seize étages - trente-neuf marches

140 huit bougies - six roues - onze kilomètres - trois couleurs - neuf ballons - sept roses

141 quinze joueurs - trente-six chandelles - treize à table - cinquante-deux semaines - quarante voleurs - cinquante kilomètres

142 cent centimètres - douze mois - huit pattes - trois côtés - quatre saisons - vingt-quatre heures - des sept nains - trente et un décembre

143 de (des) bons souvenirs - ces mystérieux parcs déserts - tes petites bagues - ces minuscules fleurs bleues - tes maillots rouges - ces longs et fatigants voyages - mes meilleures amies - ces affreux masques noirs

144 ce pommier fleuri - ce fromage frais et crémeux - notre cassette préférée - cette nouvelle usine géante - ce vélo léger - un vent froid et violent - un volet roulant - une signature illisible

145 *exemples* : vos films préférés - leur lit douillet - des conducteurs prudents - une casserole brûlante - mes fidèles amis - cette gentille vendeuse - un dessert glacé - de douces caresses - un ton naturel - ces histoires amusantes - cet objet inutile - tes chaussures jaunes - des timbres rares - sa dernière réponse - un paquet géant

146 ces animaux trop sauvages - de magnifiques vêtements noirs - Que veulent dire ces feux clignotants ? - les nouvelles histoires ; de curieuses réactions - de vieux agriculteurs bretons - dans ces vallées tranquilles ; des petites maisons grises

147 une tisane chaude et sucrée - une semaine entière - sur la place goudronnée - dans les rayons illuminés - sur la première touche

148 de sport d'hiver - des stylos à bille - les avions à réaction vont plus vite que les avions à hélices - les monuments de Lyon - une énorme tranche de viande - des casquettes de marin - une lampe de poche - une raquette de tennis

149 les pêcheurs *relèvent* - nous *trouverons* - je *respirerai* - vous *versez* - tu *poses* - j'*ai avalé* - nous *admirons*

150 nous cherchons - cet appartement est à vendre - je termine - Monsieur Léon promène son chien - tu déchires - les filles disputent - les camions transportent

151 il échange - elle débute - elles rangent - ils galopent - elles sont tondues - elles collectionnent - il déroulera - ils flottent - ils méritent

152 Ce sont les vendeurs qui attendent. - Ce sont mes parents qui écoutent. - Ce sont les moteurs des voitures qui polluent. - C'est Joyce Chardon qui gagne. - Ce sont les jeux vidéo qui intéressent les enfants. - C'est le radar qui contrôle la vitesse.

153 nous réchauffons - tu hésites - l'ogre chausse - je pose - les élèves chantent - Benjamin retourne - vous avez beaucoup de chance - je fais mon lit - les joueurs vont au stade

154 les médecins soignent - les caissières enregistrent - les rivières débordent - les nuages cacheront - les clowns amusent - les présentateurs parlent - les ballons sont ovales - les conducteurs ont bouclé leur ceinture

Corrigé des exercices

155 *singulier* : je - elle - il - tu
pluriel : ils - elles - vous - nous

156 vous demandez - tu utilises - il (elle) surveille - ils (elles) ouvrent - je classerai - il (elle) suivra - nous soufflons

157 déroules-tu - je reçois - elle lit - nous versons - vous écrivez - elles portent - ils partent

158 il invente - ils ne fonctionnent plus - elle disparaît - elles sont remplies - elles mangent - elle pond

159 tu découpes - il photographie - elle nage - nous beurrons - elles grimpent - vous étalez - je flâne - ils épluchent

160 ses bottes et sa canne à pêche - en noir et blanc - à Toulouse et à Bordeaux - jaune et pointu - à la pistache et à la vanille - lentement et sûrement - entre Audrey et Camille - glissante et dangereuse

161 ces maisons sont - les lapins sont - les disques sont - les gâteaux sont - les musiciens sont - les tunnels sont - les assiettes sont - ces jouets sont - les rêveurs sont - les crayons sont

162 le requin est un poisson - un pantalon et un blouson - la fenêtre est ouverte - Sophie et Thomas

163 de terre et puis de cailloux - de fées et puis de lutins - un bonhomme de neige et puis des glissades - au bras et puis à l'épaule - les limaces et puis les escargots

164 ce saucisson est - ce papier est - Vania est - le train est - monsieur Vallin est - Guillaume n'est pas ; Maman est

165 la chouette est un oiseau - le bébé est dans son bain et il joue - le lion est au bord de la rivière et il dort - février est le mois - la salle de sport est chauffée et bien éclairée - l'ordinateur est en panne et l'écran reste noir

166 le pompier est - le pilote est - le canard est - le drap est - le rôti est - la rue est - le prix est

167 j'ai ; tu as ; il (elle) a ; nous avons ; vous avez ; ils (elles) ont

168 *exemple* : j'ai tourné ; tu as tourné ; il (elle) a tourné ; nous avons tourné ; vous avez tourné ; ils (elles) ont tourné - j'ai chanté - j'ai dîné - j'ai sauté - j'ai fermé - j'ai gagné

169 Abel a - le train a - cette chemise a - Carlos a - Cédric a - le camion a - Sandrine a - le clown a - le chanteur a

170 Laura a ; à la page - Florian a ; à chaudes larmes - madame Garnier a ; à l'ombre - le vent a - Héléna a ; à la crème - monsieur Ravat a ; à pied

171 Jessy a - ce coureur a - Dimitri a - Zohra a - Yvon a-t-il

172 le lièvre a - Paulin a ; à la ligne - madame Faustin a ; à la main - Dominique a ; à repasser - il n'y a rien à dire - monsieur Testa a trouvé ; à dix heures

173 l'oiseau a - le loup a - le skieur a - le pompier a un casque - l'acteur a - le biscuit a - le cavalier a - la caissière a

174 Adeline a ; à Pékin - Joris a ; à la vanille - le filet a ; le joueur a - le Petit Chaperon rouge a - Aurore a ; elle a - peu à peu à jouer - le téléphone a ; personne n'a

175 son dossard - son lit - son ordinateur - son ticket de caisse - son terrier - son village - son magasin

176 son épaule ; mon épaule ; ton épaule ; ses épaules - son oreille ; mon oreille ; ton oreille ; ses oreilles - son bras ; mon bras ; ton bras ; ses bras - son doigt ; mon doigt ; ton doigt ; ses doigts - son genou ; mon genou ; ton genou ; ses genoux

177 les oiseaux sont prisonniers - son plumage - son écran - les tuyaux sont percés

178 son mouton - son repas - son devoir - son cadeau - son message - son filet

179 Alisson et ses parents sont - les motos sont - les légumes sont - les violettes sont - les piles sont - les journées sont - les lampes sont - les bijoux sont - ces passages sont

180 les crapauds sont laids mais ils sont utiles ; son jardin - son chapeau - trente-six personnes sont inscrites - son véhicule - son instrument - les billets sont gratuits

181 on a toujours - ces voitures ont des freins - ces jeunes enfants ont les oreilles - on entend

182 on avance - elles grandissent - on revient - elles attendent - on surprend - elles retiennent - elles s'éloignent - on encourage - elles se piquent - on appelle - elles distribuent - on voit

148

Corrigé des exercices

▼183 le fanion a - la maison a - le buffle a - le boxeur a - le roi a - le plongeur a - la façade a

▼184 on sait ; les dromadaires ont - les Nains ont - on peut - on dit - les Français ont - les sapins n'ont pas

▼185 les hôtesses de l'air ont - les vieux quartiers ont - les journaux ont - Maxence et Sylvain ont - les enfants ont - les rollers ont

▼186 l'arbitre siffle - le mécanicien répare - le dentiste soigne - l'infirmière fait une piqûre - le clown fait rire

CONJUGAISON

▼187 sortent - descend - partirez - avance - suce - ranges - bourdonnent

▼188 je cherche - les oiseaux volent - le lapin aime - le ballon roulait - vous mettez - tu écouteras - nous buvons - le chat lèche - les élèves jouent

▼189 *infinitifs en -er* : gagner - monter - remarquer - cacher - glisser - marcher - nager - calculer - crier
autres infinitifs : grandir - boire - bondir - obéir - comprendre - descendre - grossir - rire - suivre

▼190 campe ; camper - alignons ; aligner - skies ; skier - abandonne ; abandonner - enfilez ; enfiler - quittent ; quitter - collons ; coller - perd ; perdre

▼191 hier les élèves <u>ont appris</u> ; aujourd'hui ils la <u>répètent</u> ; demain ils la <u>chanteront</u> - hier tu <u>as oublié</u> ; aujourd'hui tu le <u>retrouves</u> ; demain tu <u>feras</u> attention - hier il <u>pleuvait</u> ; aujourd'hui le soleil <u>brille</u> ; demain nous <u>partirons</u>

▼192 autrefois on <u>allait</u> ; maintenant on <u>prend</u> ; dans dix ans on <u>utilisera</u> - autrefois les chevaux <u>tiraient</u> ; maintenant elles <u>roulent</u> ; dans dix ans elles <u>voleront</u>

▼193 vous murmurez (2e personne du pluriel) - tu pousses (2e p. du sing.) - il promène (3e p. du sing.) - elles répondent (3e p. du plu.) - nous ne dépenserons (1re p. du plu.) - je ris (1re p. du sing.)

▼194 elle tourne - il fermera - ils ont quitté - ils flottent - elles bondissent - il allume

▼195 nous sommes - vous êtes - je suis - ils sont - tu es - elle est

▼196 la boîte est - Flora est - tu es - tu es - Blanche-Neige est - tu es

▼197 il est midi ; les élèves sont - je suis - les poissons sont - nous sommes - tu es - la moto est - vous êtes - le chien est

▼198 vous avez - nous avons - tu as - j'ai - il (elle) a - ils (elles) ont

▼199 j'ai ; tu as ; il (elle) a ; nous avons ; vous avez ; ils (elles) ont

▼200 je n'ai pas - l'écureuil a - nous avons - vous avez - les marionnettes ont - ce livre a - tu as - ces joueurs ont

▼201 je vais ; tu vas ; il (elle) va ; nous allons ; vous allez ; ils (elles) vont

▼202 nous allons - tu vas - je vais - vous allez - le temps va - les zèbres vont

▼203 tu vas - nous allons - je vais - vous allez - l'avion va - les bateaux vont

▼204 tu n'en fais - les moteurs font - je fais - le chat fait - nous ne faisons pas - vous faites

▼205 nous faisons - vous faites - je fais - tu fais - il fait - elles font

▼206 le singe fait - nous faisons - je fais - deux fois trois font six - le balcon fait - tu fais - vous faites

▼207 ils (elles) circulent - tu sautilles - vous visez - je froisse - nous apportons - il (elle) repasse - vous écartez - je retire - tu surmontes ; tu ne pleures pas - il (elle) consulte - nous creusons - ils (elles) renoncent

▼208 tu fermes ; Amandine ferme ; nous fermons ; vous fermez ; mes parents ferment - nous écoutons ; j'écoute ; vous écoutez ; Sonia écoute ; les enfants écoutent

▼209 monsieur Isoard cherche - tu discutes ; on te donne - nous écarquillons - l'arbitre siffle - les paroles s'envolent ; les écrits restent - vous n'imaginez pas - je persuade - madame Monet change

▼210 *exemples* : Les mécaniciens réparent le moteur. - Je joue aux cartes. - Tu me prêtes ton cahier. - L'agent renseigne le touriste. - Nous retroussons nos manches. - Vous tracez des traits. - Le plombier installe une douche. - Ces livres coûtent cher. - Vous caressez le chat. - Nous annulons notre réservation. - Je taille mon crayon. - Tu guettes l'arrivée des coureurs. - On observe les étoiles. - Certains aiment les épinards.

149

Corrigé des exercices

211 tu frissonnes car tu as très froid ; les skieurs frissonnent car ils ont très froid ; nous frissonnons car nous avons très froid ; vous frissonnez car vous avez très froid ; Margot frissonne car elle a très froid - nous nous déguisons ; nous portons ; vous vous déguisez ; vous portez ; les garçons se déguisent ; ils portent ; je me déguise ; je porte ; Émile se déguise ; il porte

212 elle sera surprise - vous serez allongées - nous serons à l'écoute - je serai chez moi - ils (elles) seront dans le couloir - il (elle) sera à l'heure

213 les vases seront - les alpinistes seront - les voitures seront - les hôtesses de l'air seront - les rivières seront - les marins seront

214 je serai - cette maison sera - la récolte sera - vous serez - serons-nous

215 nous aurons - les camions auront - nous aurons - les fromages de chèvre auront - les cerisiers auront

216 cette voiture aura - tu auras - le directeur aura - tu auras

217 j'aurai besoin - Louis aura-t-il - tu auras une belle image - nous aurons - les voiliers auront

218 nous irons - ils iront - nous irons - nous irons - iront-ils - ils iront

219 iras-tu - elle ira - tu iras - tu iras - elle ira - tu n'iras pas

220 Violaine n'ira pas - iras-tu - nous irons - Norbert et Corentin iront - j'irai - vous irez - toutes les voitures iront - on ira

221 je ferai - elles (ils) feront - nous ferons - il (elle) fera - vous ferez - tu feras

222 nous ferons - les oiseaux feront - nous ne ferons pas - ferons-nous - les spectateurs feront

223 le boulanger fera - tu feras - cette cassette vidéo fera - tu feras - le savon fera - tu feras

224 Raoul ne cassera pas - vous ne trouverez pas - les alpinistes n'escaladeront pas - nous ne bavarderons pas - tu n'imiteras pas - je n'échangerai pas - les loups ne hurleront pas

225 tu m'aideras - le maître nageur surveillera - nous nous réchaufferons - vous téléphonerez - les mécaniciens changeront - je me coucherai - la vague se brisera

226 tu colleras - je retrouverai - le vent se calmera - nous réclamerons - vous vous habillerez - les autobus stationneront - le pharmacien délivrera - les voiliers affronteront - tu annuleras - je barrerai

227 vous verserez un peu d'eau - tu brancheras l'imprimante - vous bénéficierez d'une réduction - Charly écoutera les conseils - nous respecterons le temps - tu te fatigueras vite - le cheval sautera la barrière - je fredonnerai une chanson

228 notre train arrivera - tu transpireras - l'entraîneur donnera - nous ne tremblerons pas - le maître apportera un violon - vous chasserez les moustiques - tu te boucheras les oreilles

229 je mélangerai ; j'étalerai - monsieur Poncet mélangera ; il étalera - vous mélangerez ; vous étalerez - nous mélangerons ; nous étalerons - les artistes mélangeront ; ils étaleront

230 j'ai été heureux (heureuse) ; les enfants ont été heureux ; Arthur a été heureux ; nous avons été heureux (heureuses) ; tu as été heureux (heureuse) ; vous avez été heureux (heureuses) - les partenaires ont été tout de suite d'accord ; j'ai été ; vous avez été ; tu as été ; nous avons été ; Véronique a été

231 la partie a été acharnée - vous avez été choisis - les derniers jours ont été agréables - j'ai été gâtée - nous avons été maquillées - la forêt a été détruite - tu n'as pas été trop bavard

232 tu as eu - nous avons eu - avez-vous eu - j'ai eu - ils (elles) n'ont pas eu - il (elle) a eu

233 le client a eu - tu as eu - les gazelles ont eu - nous avons eu - j'ai eu - vous avez eu - Norbert a eu

234 je suis allé(e) - nous sommes allé(e)s - le jardinier est allé - vous êtes allé(e)s - tu es allé(e) - la fusée est allée - les chauffeurs sont allés

235 je suis allé(e) - les papillons sont allés - nous sommes allé(e)s - le coureur est allé - tu es allée - vous êtes allé(e)s - ma boule est allée

Corrigé des exercices

236 j'ai fait ; M. Perrier a fait ; nous avons fait ; les clients ont fait ; vous avez fait ; tu as fait - les campeurs ont fait ; Dominique a fait ; vous avez fait ; tu as fait ; j'ai fait ; nous avons fait

237 l'acrobate a fait - j'ai fait - nous avons fait - vous n'avez pas fait - Laurent a fait - tu as fait - les élèves ont fait

238 nous avons porté notre sac ; vous avez porté votre sac ; les écoliers ont porté leur sac ; j'ai porté mon sac ; Rachel a porté son sac - M. Loussier a écouté ; nous avons écouté ; tu as écouté ; vous avez écouté ; les auditeurs ont écouté

239 as <u>décoré</u> ; décorer - **êtes** <u>retournés</u> - retourner - **est** <u>arrivée</u> ; arriver - **avons** <u>recopié</u> ; recopier - **est** <u>retombé</u> ; retomber - **avons** <u>nettoyé</u> ; nettoyer - **ont** <u>commandé</u> ; commander - **ai** <u>débloqué</u> ; débloquer

240 nous avons protégé - tu as mélangé - les skieurs ont glissé - madame Sauter a présenté - je suis resté(e) - vous avez rangé - les autobus sont rentrés

241 les trains sont arrivés - les danseuses sont entrées - les joueurs ont chaussé - les arbres sont tombés - les savants ont déchiffré

242 nous avons accepté - le chauffeur a évité - j'ai serré - vous avez écrasé - la machine à laver est tombée - tu as ôté - les vendeuses ont emballé

243 j'étais - les clients étaient - M. Courson était - nous étions - tu étais - vous étiez

244 l'escalier était - tu étais - j'étais - les couverts étaient - nous étions - vous étiez

245 les péniches étaient - tu étais - vous étiez - j'étais - elle était

246 les parachutistes n'avaient pas - j'avais - le gardien de but avait - nous avions - vous aviez - tu avais

247 tu étais ; tu avais - Sacha était ; il avait - nous étions - nous avions - vous étiez ; vous aviez - ces enfants étaient ; ils avaient

248 tu allais parfois - ils (elles) allaient au zoo - j'allais changer - vous alliez attendre - il (elle) allait retirer - nous allions glisser - ils (elles) allaient pêcher

249 j'allais vite - toute la famille allait - tu allais - nous allions - vous alliez - les musulmans allaient ; les chrétiens allaient - les gens allaient

250 je faisais - il faisait - les concurrents faisaient - ce tissu faisait - tu faisais - les maîtres d'école faisaient - je faisais

251 tu étais ; tu faisais - Dimitri était ; il faisait - nous étions ; nous faisions - vous étiez ; vous faisiez - Rémi et Charles étaient ; ils faisaient - on était ; on faisait

252 elles (ils) se retrouvaient - il neigeait - tu copiais - je limitais - nous ne téléphonions pas - vous continuiez - ils (elles) commençaient

253 <u>classais</u> ; classer - <u>comparions</u> ; comparer - te <u>déguisais</u> ; se déguiser - <u>débutais</u> ; débuter - <u>enregistriez</u> ; enregistrer - <u>empoisonnaient</u> ; empoisonner

254 tu respirais - Martin caressait - les maçons consolidaient - nous rangions - vous comptiez - je cessais - le directeur sifflait - les voitures stationnaient

255 je beurrais ; nous beurrions ; vous beurriez ; mes sœurs beurraient ; tu beurrais - nous ne trichions jamais ; Flora ne trichait jamais ; je ne trichais jamais ; ces joueurs ne trichaient jamais ; vous ne trichiez jamais

256 les paysans moissonnaient - vous éclatiez - grand-père racontait - les supporters agitaient - nous nous intéressions - je portais - ce chanteur débutait

257 les pirates attaquaient - tu renversais - le magicien ne dévoilait jamais - je goûtais - vous accordiez - nous fermions - le contrôleur vérifiait - les artistes peintres ne représentaient pas - notre voisin installait

151

Corrigé des révisions

ORTHOGRAPHE D'USAGE

1 la table ; le double ; le câble ; le sable ; la fable - l'orange ; le virage ; le bagage ; la gorge ; l'éponge - la montre ; le centre ; le feutre ; l'astre ; le litre - la lèvre ; le givre ; la chèvre ; le poivre ; le lièvre

2 Samedi nous serons en vacances. - Les joueurs entrent sur le terrain. - Les feux tricolores sont encore en panne.

3 à l'école ; les coureurs montent les cols - les piétons traversent l'avenue ; tu attends la venue - j'adore la mie ; Pauline est l'amie

4 Un passant glisse sur une plaque de verglas. - La sonnerie du téléphone réveille toute la famille. - Madame Robin se protège de la pluie. - Le pompiste remplit le réservoir. - Le menuisier fabrique une commode.

5 C'est un poisson.

6 le ciel menaçant - c'est agaçant - en fronçant - en traçant - en lançant

7 un géant - une fée - l'été - le cinéma - la clé - la réponse

8 l'ouvrière - la sorcière - la dernière - la boulangère - la cuisinière - la prisonnière - l'écolière - la première - la fermière - la caissière - la cavalière - la passagère

9 la pâte de cette tarte ; le chien tend la patte - Cet abricot n'est pas mûr. ; Un mur sépare les deux jardins. - trop grasse ; avec grâce

10 un robot - une baleine - un serpent - un sapin - une brouette - un bouquet - un balcon - une trompe - un canapé - une ambulance

11 le tambour - le violon - le piano - la flûte traversière - la trompette - la harpe - la guitare - l'accordéon

12 le fer à repasser - un ver de terre - une seule fille - la vieille ville - deux fois trois - je vois - le vin - de sel fin

13 le feu - la voiture - le fantôme - le plafond - le vase - le village

14 nombreux - marraine - ne - Sandrine - menu - nous

15 le car - un char à voile - Sabrina casse - l'odeur de la citronnelle chasse - en carton - les chardons

16 le chat se cache - la cage - la tige de la fleur - Lisiane ne triche jamais - la manche de la chemise - Nourdine ne mange jamais - ne bouge pas - sans ouvrir la bouche

17 imbuvable - impatient - imperméable - incomplet - indifférent - impossible - impoli - incapable - imprécis - infidèle - impraticable - inséparable - immangeable - insensible - immobile

18 la guerre - la salle à manger - la patte cassée - sa malle - la datte est un fruit - Arnaud essaie de mettre ses chaussures - le renne - la hotte du Père Noël - le cheval s'arrête

19 la dent - le chat - trois - le rat - le nid - le vent - un motard

20 nerf - fusil - loup - plomb - bond - début - tronc - compas - sang

21 trente mille habitants - une énorme hache - l'habit - huit - l'huile - de l'herbe - une histoire - vingt-quatre heures

Corrigé des révisions

22 Monsieur Sarnin pousse sa voiture. - Benoît lève le pouce. - Arnaud joue avec son cousin. - Le chat dort sur son coussin. - le désert du Sahara - Je dévore ce dessert des yeux.

23 passant - épice - racine - savant - stade - bassin - tousse - sou - tasse

24 le tableau - l'escargot - le poteau - le vélo - le taureau - le micro - le lot - un stylo

25 un paquet - au piquet - ton hoquet - un briquet - un bouquet - le bosquet

26 un escabeau - la poche - du violon - quel désordre

27

C	A	P	O	T
A	M	I		R
L	A	Q	U	E
I	L	U		V
N		E	T	E

28 au refuge - au collège - au piège - un village - un virage - du cirage - du jus d'orange - échange

29 une image - la gare - le danger - des bougeoirs - un aigle - il dirige - le virage - rouge

30 le conducteur tient son volant ; madame Leroy teint ses cheveux - rien ne me plaît ; mal aux reins - le sein à son bébé ; le sien n'est pas aussi léger - une chaise pliante ; la plainte d'un animal

31 le poussin - la ceinture - le gamin - la dinde - le patin - le refrain - le timbre - la faim

32 c'est ma fête ; vous faites - il faut faire son travail ; un fil de fer - avec ma mère ; le maire de la commune - il faut te taire ; la terre de ce jardin

33 la langue - le printemps - le camping - le classement - de la viande - le dimanche - le boulanger - une chanson - l'éléphant

34 quand l'heure sonnera - avec ce paquet - les vêtements sont moins chers - pour traverser - très froid - sur la branche

35 dans la boue - Manon attend depuis dix minutes devant la grille - ne part jamais - sur son bureau - chez un brocanteur - entre la place

36 tourner à droite - poser sous l'étagère - partir sans son cartable - courir vite - être près de l'arrivée - rester dedans - manger peu de pain - se coucher tard

37 derrière le camion - beaucoup de pommes - avant le lièvre - plus (pas) d'eau

38 le loup ; elle (il) loue - le rang ; il (elle) rend - elle (il) se plaint ; le plein - le gel ; il gèle - le cri ; elle (il) crie - le film ; il (elle) filme - le vent ; elle (il) vend

39 un coup de sifflet - une part de gâteau - jouer mais après avoir fait son travail - sur le flanc - un morceau de pain - le noyau d'une datte

40 deux fois dix font vingt ; une bouteille de vin ; un billet de vingt euros - se mettre au soleil ; le maître d'école ; un mètre pliant - une goutte de sang ; rester sans bouger ; vivre cent ans - dans la mer ; le maire de la ville ; une gentille mère - un champ de blé ; le chant de l'oiseau ; travailler au champ - la cour de récréation ; le cours de français ; trop court

41 sans son parapluie - la boue dans le chemin - le cuisinier sert un poulet - la balle - la salle de bains - ma tante Amélie - dans un pot

153

Corrigé des révisions

42 un nombre pair ; une paire - Monsieur Rassac signe un chèque ; le cygne blanc - cette eau ; trop haut - le temps se couvre ; tant pis

ORTHOGRAPHE GRAMMATICALE

43 *exemples* : Danone - Seïko - Arte - Kodak - Honda - Michel Sardou - Bordeaux - l'Asie - le Sahara - les Bruyères

44 *villes de France* : Lille - Nice - Toulon - Nantes - Brest
pays d'Europe : Italie - Allemagne - Espagne - Belgique - Suisse

45 *noms féminins* : la traversée - l'autoroute - une vue - la réponse - la crème - une arête - cette tranche - la salle à manger
noms masculins : l'oubli - un numéro - le téléphone - l'appartement - l'immeuble - l'étage - ce gâteau - le chocolat - le poisson - le chat - le rideau

46 le garçon (ou le fils) - le père - l'homme - le copain - un coq - le roi - un prince - un maître - le mouton - le taureau - un oncle - un loup - le comte - un sportif - un dindon - un dieu - un lion - un neveu

47 un lacet - un oiseau - un mur - un paquet - un opéra - un parfum - un lampion - un cirque - un marteau - un but

48 un vase de fleurs - un paquet de bonbons - une pièce de vingt centimes - un magasin de vêtements - un trousseau de clés - le creux des vagues - des gâteaux à la crème - les doigts - mes parents - les roues - des stylos - des rouleaux - les rideaux - une mèche de cheveux

49

		P			
		O		J	
	V	I	T	R	E	S
P	A	E		U	
O	I	S	E	A	U	X
U		E		U		L
I	L	E	S			I
E			X			T
S	O	U	L	I	E	R	S

50 un chemin plat ; une route plate ; une assiette plate - un temps gris ; une couleur grise ; un costume gris - une forte tempête ; un homme fort ; une odeur forte - une saison chaude ; du lait chaud ; de l'eau chaude - un ciel clair ; une matinée claire ; une voix claire - un pain entier ; une heure entière ; l'année entière - une jupe courte ; un manteau court ; une manche courte

51 un magnifique saut ; une belle robe - le feu est rouge ; la couverture verte - un énorme sandwich ; la crème fraîche - un emplacement libre ; sa place habituelle

52 *adjectifs au singulier* : inutile - menteur - mondial
adjectifs au pluriel : froids - longs - mécontents - amusants - régionaux - nouveaux - célèbres
on ne peut pas savoir : jaloux - heureux - précis - gris - creux - curieux

53 *adjectifs au féminin* : brûlante - blonde - inconnue - lente - sèche - pointue - menue - moyenne
adjectifs au masculin : absent - chaud - complet - amer - naturel
on ne sait pas : aveugle - comique - acide - bizarre - immobile - honnête - formidable - humide - lisse - triste

54 trente et un jours - quarante-cinq kilogrammes - soixante-cinq chaises - quarante-huit pages - dix-neuf ans - soixante-six élèves ; six équipes - seize étages - sept notes - vingt-cinq secondes - dix-huit heures

55 *exemples* : une collection de timbres - des patins à roulettes - deux litres de lait - des chaussures en cuir - un bouquet de fleurs - un bonnet de laine - des jeux de hasard - deux paquets de cigarettes - une brosse à dents - un collier de perles - trois livres de lecture - un cahier de textes

Corrigé des révisions

56 cent cinquante euros - mille habitants - quatre-vingt-quinze coureurs - deux cent cinquante boîtes - trois cent soixante billets - deux cent dix-huit jours - six cent quarante pages

57 des portes fermées - des trésors cachés - des vêtements lavés - de l'argent dépensé - des clés retrouvées - des branches brisées - un règlement respecté - une douleur soulagée - une dent arrachée - des verres vidés - des champs cultivés - un pneu gonflé

58 aux fenêtres - aux fraises - au supermarché - au stop - aux dominos - au départ - aux piétons - au port - aux lardons

59 ces billets ; quel billet ; ton billet - votre modèle ; quelques modèles ; mes modèles - vos partenaires ; aucun partenaire ; tes partenaires - mon mouchoir ; leurs mouchoirs ; différents mouchoirs - cette raison ; quelles raisons ; nos raisons - aucun espoir ; cet espoir ; ses espoirs

60 l'oiseau vole - mon ami participera - le cosmonaute monte - le client fait - le bébé empile - le mécanicien va réparer - le petit chat miaule - la saucisse grille

61 le jardinier arrose - les passants regardent (observent) - nous jouons - tu manges

62 Le rossignol chante. - Les animaux crient. - Les coureurs arrivent. - Le dauphin plonge. - Les randonneurs marchent. - La branche craque. - Les moustiques piquent. - L'émission commence. - Les prix diminuent. - Le moteur ronfle. - Les abeilles bourdonnent. - Les feux clignotent.

63 les trois jeunes <u>campeurs</u> - les <u>fenêtres</u> du salon - un <u>taxi</u> jaune et bleu - un <u>pot</u> de confiture - les <u>acteurs</u> de ce film - les <u>ustensiles</u> de cuisine

64 et il coûte - et elles sont difficiles - et elle tient - et il peut - et elles te permettent - et ils picorent

65 il (elle) prépare - il (elle) a cassé - ils (elles) stationnent - ils sont mûrs et nous pouvons - tu boucles - vous agitez - ils (elles) réparent - elles tombent - vous ne portez pas ; vous nagez

66 *pronoms singuliers* : je - tu - il - elle, on
pronoms pluriels : nous - vous - ils - elles

67 le dompteur pénètre - les larmes coulent - les soldats défilent - la fée transforme - les chiens aboient - les souris ont peur - la montre donne - le clown fait rire

68 l'arbre est - la vieille maison est - cette voiture est - le pigeon est - Valentin est - le temps est - l'appartement est

69 Le chalet est vieux et isolé. - Le cheval est grand et blanc. - Le film est long et triste. - Le livre est ancien et abîmé. - Le plat est amer et froid. - Un singe est curieux et moqueur. - Une avenue est large et ombragée. - Une robe est nouvelle et à la mode. - Une voix est belle et grave. - Une partie est joyeuse et animée.

70 le public est - le magasin est - la vitesse est - la peinture est - l'album est - l'enveloppe est - l'école n'est pas - le chat est - le géant est

71 *exemples* : une chambre à coucher - une cuillère à café - un fer à repasser - une aiguille à tricoter - un bateau à vapeur - un moteur à essence - une carte à jouer - un avion à réaction - des vacances à Londres - une chemise à fleurs - une armoire à glace - une montre à pile - un manche à balai - un œuf à la coque

155

Corrigé des révisions

72 de l'argent à dépenser - un exercice à terminer - un pneu à gonfler - un coureur à encourager - un tableau à poser - une pile à remplacer - une lettre à poster - des chaussures à cirer - du chocolat à croquer - une planche à scier

73 le skieur a - Marine a - le cuisinier a - l'ours a - Sarah a - Mustapha a - le joueur a - Albertine a

74 *dans l'ordre* : son tournevis - son peigne - son fouet - son écharpe tricolore - son micro - son camion - son arrosoir - son ordinateur - son rabot - son appareil photo - son bistouri - son pinceau

75 les sentiers sont - les greniers sont - les moustiques sont - les vacances sont - les trains sont - les cosmonautes sont - les vents sont - les robinets sont - les vaches sont

76 son savon - son soulier - son horloge - son billet - son poème - son pays

77 la caissière rend - le canard barbote - l'élève cherche - le skieur descend - le cheval franchit - l'ogre engloutit

78 Axelle et Hélène ont - les agents ont - mes amies ont - les crocodiles ont - les judokas ont

79 Bernard et Kelly ont - on fait sauter - les brins de muguet ont - on ferme

CONJUGAISON

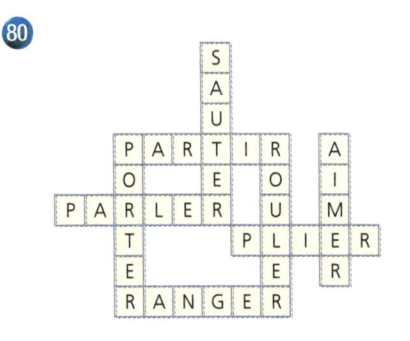

80 (mots croisés : SAUTER, PARTIR, PARLER, POETE, RANGER, AROEUE, PLIER, AIMER)

81 l'écolier copie - le chat attrape - le mouton broute - le coureur transpire - le facteur apporte - nous marchons - papa rase - le feuilleton débute

82 le cheval saute - monsieur Bardet lave - la chèvre tire - le chat renverse (casse)

83 *traverser* ; regarde - arrivent ; *grimper* - rentrerez ; *faire* - peux ; *rester* - vont ; *acheter* - avoir ; utilise

84 *passé* : a pleuré - a chanté
présent : obéit - nage - pleure - chante - rentre
futur : obéira - nagerai - rentrerai

85 avons lavé ; laver - a émerveillé ; émerveiller - a allumé ; allumer - est tombée ; tomber - sont arrivés ; arriver - a consolé ; consoler - ai versé ; verser

86 Thomas - Manuel - Régine, Doriane, Medhi - Théo, José - Fanny, Sabine

87 je suis - tu es - elle (il) est - nous sommes - vous êtes - elles (ils) sont

88 les cosmonautes sont dans la fusée - je suis dans la file - tu es à la bibliothèque - la girafe est un animal - vous êtes devant votre écran - la boxe est un sport - nous sommes dans les coulisses - les gendarmes sont au bord

89 (mots croisés : EST, SUIS, SOMMES, ETES, SONT)

je suis - tu es - elle est - nous sommes - vous êtes - ils sont

90 tu as fait très attention - mon père a trouvé - tu as du mal - le lion a une crinière - on a découvert - tu as les ongles courts - tu as mangé

Corrigé des révisions

91 *exemples* : les chanteurs ont besoin d'un micro - le manège a tourné - les enfants ont droit - les pompiers ont des camions - la pomme a des pépins - mon père a un rasoir - le perroquet a un bec

92 Nous avons des billes dans nos poches. - Vous avez passé l'aspirateur dans la pièce. - Les surfeurs ont descendu la piste comme des fous. - Esther a mis son tee-shirt à l'envers. - J'ai un trou de mémoire.

93 les camions ont des phares - les lunettes ont des branches - le hibou a de gros yeux - Dalila a une poupée

94 nous allons préparer - vous allez ranger - je vais éplucher - tu vas commander - l'émission va commencer - les réductions de prix vont attirer

95 les hippopotames ont trop chaud alors ils vont se rafraîchir - tu vas te lever car tu as des fourmis - j'ai un petit peu ; je vais me reposer - vous avez un nouveau jeu ; vous allez nous le prêter - nous avons de bonnes places ; nous avons pris - le conducteur va ralentir ; il a vu - Marceline a oublié ; elle va se mouiller

96 Nous faisons une pause car nous sommes fatigué(e)s. - Je fais une pause car je suis fatigué(e). - Les marcheurs font une pause car ils sont fatigués. - Le coureur fait une pause car il est fatigué. - tu fais une pause car tu es fatigué(e). - tu fais ; tu as - Les élèves font ; ils ont - Armelle fait ; elle a - vous faites ; vous avez - je fais ; j'ai

97 je fais le trajet - tu fais tous les magasins - l'employé du restaurant fait le service - quelle pointure fais-tu ? - cela fait bien deux heures - monsieur Rousseau fait sa valise - tu fais preuve - il fait beau

98 Je traverse toujours sur le passage protégé. - Les pompiers déroulent leurs tuyaux. - Le boucher découpe des biftecks. - Vous déplacez les pions noirs. - Nous calculons le montant de nos achats.

99

P	O	R	T	E	S
A	S	■	E	■	A
S	■	R	A	I	L
S	A	U	T	■	E
E	T	E	■	O	N
Z	■	S	O	N	T

100 l'aigle vole - vous évitez de parler - les touristes visitent - tu te laves - je plie les draps - nous signons des chèques

101 *exemples* : les drapeaux flottent - vous oubliez - la grand-mère tricote - tu réclames - nous glissons - les cantonniers rebouchent - je participe - les joueurs méritent - l'avion décolle - le renard flatte - vous adoptez - je débute

102 vous serez - les éléphants seront - je serai - la barque sera

103 les toits seront couverts - tu seras costumé (e) - elle sera cassée - le quai de la gare sera désert - je serai bronzé(e) - cette corde sera solide - ces jeunes gens seront majeurs

104 Tu seras sous la douche. - Je serai au balcon. - Le magasin de vêtements sera fermé. - Nous serons polis avec les adultes. - Vous serez devant la porte.

105 tu as ; tu auras - vous avez ; vous aurez - j'ai ; j'aurai - nous avons ; nous aurons - ils ont ; ils auront - elle a ; elle aura

106 aurez - auras - aura - aurons - auras

107 tu auras - le moniteur aura - j'aurai - les pommiers auront - nous aurons - vous aurez

157

Corrigé des révisions

108 Oui, nous aurons sommeil. - Non, je n'aurai pas raison. - Oui, le bateau aura une voile. - Oui, vous aurez des biscuits. - Non, les poules n'auront pas de dents.

109

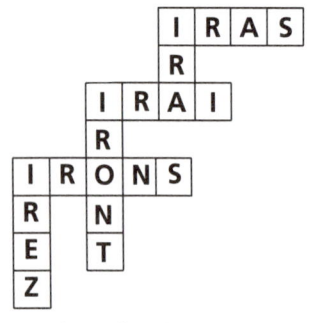

			I	R	A	S
			R			
		I	R	A	I	
			R			
	I	R	O	N	S	
	R		N			
	E		T			
	Z					

Farida ira - tu iras - les cigognes iront - je n'irai pas - nous irons - vous irez

110 tu iras - ils (elles) iront - vous irez - j'irai - il (elle) ira - nous irons - il (elle) ira - elles (ils) iront

111 nous serons ; nous irons - Stéphanie sera ; elle ira - les clients seront ; ils iront - vous serez ; vous irez - je serai ; j'irai

112 les chats feront - vous ferez - nous ferons - cela fera - madame Le Coq fera réparer - je ferai remplacer - tu feras

113 je ferai - tu feras - il (elle) fera - nous ferons - vous ferez - elles (ils) feront

114 nous terminons - elles chantonnent - il se perfectionne

115 vérifierons ; vérifier - apprécieras ; apprécier - sacrifiera ; sacrifier - copierez ; copier - soigneront ; soigner - tremperai ; tremper

116 tu t'égratigneras - vous humidifierez - tu fronceras ; tu rencontreras - la séance commencera - l'avion amorcera - mes cousins déménageront - la voiture s'engagera - je plongerai

117 *exemples* : tu n'oublieras pas de faire tes devoirs - Nicolas jouera de la guitare - nous regagnerons notre appartement - vous préparerez la fête annuelle - les marins relèveront leurs filets

118 tu as été - il a été - j'ai été - nous avons été - elles ont été - vous avez été

119 le voyage de M. Rey a été mouvementé - nous avons été les bienvenus - tu as été admise - j'ai peut-être été un peu bruyant - vous avez été emportés - les salades ont été copieusement arrosées

120 tu as eu la force de t'accrocher car tu as été surpris(e) - vous avez eu la force de vous accrocher car vous avez été surpris(e)s - les alpinistes ont eu la force de s'accrocher car ils ont été surpris - nous avons eu la force de nous accrocher car nous avons été surpris(e)s - le guide a eu la force de s'accrocher car il a été surpris - Alexandre a eu ; il est allé le montrer à sa sœur - nous avons eu ; nous sommes allé(e)s le montrer à notre sœur - vous avez eu ; vous êtes allé(e)s le montrer à votre sœur - mes amis ont eu ; ils sont allés le montrer à leur sœur - j'ai eu ; je suis allé(e) le montrer à ma sœur

121 le savant a eu - nous avons eu - les souris n'ont pas eu - j'ai eu

122 je suis allé(e) faire du surf - tu as allé(e) réserver - vous êtes allé(e)s réciter - ils sont allés camper - nous sommes allé(e)s dessiner - le gardien est allé balayer

123 tu es allé(e) - vous êtes allé(e)s - je suis allé(e) - ces personnes sont allées - nous sommes allé(e)s - la gazelle est allée

124 j'ai fait - vous avez fait - Hamed a fait - Sidonie et Aline ont fait - tu as fait

125 vous n'avez pas fait semblant - tu n'as pas fait de tours - je n'ai pas fait brûler - grand-mère n'a pas fait de confitures - nous n'avons pas fait de partie - les acteurs n'ont pas fait rire

126 fermer ; nous avons fermé - arriver ; je suis arrivée - saler ; tu as salé - quitter ;

Corrigé des révisions

les navires ont quitté - déménager ; vous avez déménagé

127 j'ai trempé - César a remué - nous avons éternué - les enfants ont secoué - vous avez déplacé - tu as grimacé mais tu n'as pas pleuré

128 je me suis trompé - tu as étonné - Bertrand s'est couché - nous avons parlé - vous vous êtes réchauffés - les serpents ont avalé

129 tu as préparé - vous avez vérifié - vos adversaires ont renoncé ; ils ont perdu - j'ai modifié - nous avons tourné - des millions de personnes ont regardé

130 Tu as justifié ta réponse. - Le cameraman a filmé les acteurs. - Nous avons versé de l'huile dans la poêle. - Vous avez oublié vos clés. - Les marins ont hissé les voiles.

131 Je suis allée à la patinoire. - Les enfants sont allés au cirque. - M. Durand est allé chez le coiffeur. - Tu es allé à Paris. - Nous sommes allés au sommet de la montagne. - Vous êtes allées à la pizzeria.

132

```
              E
          E T I E Z
          T   A   T
    E T A I S   A
    T   I T     I
    I           E
    O           N
    N           T
    S
```

j'étais - tu étais - Olga était - nous étions - vous étiez - les fleurs étaient

133 le film était - les piles étaient - tu étais - le bassin était - les clés étaient - j'étais - vous étiez - nous étions

134 J'avais un sac de sport neuf. - Nous avions une semaine de vacances. - Vous aviez des leçons à apprendre. - Le boulanger avait des flûtes de pain frais. - Les cabanes avaient des murs en planches.

135 j'avais - tu avais - il (elle) avait - nous avions - vous aviez - elles (ils) avaient

136 tu avais - les tracteurs avaient - le skieur avait - j'avais - Laurence avait - les acteurs avaient - tu avais - j'avais

137 tu allais - nous allions - les enfants allaient - j'allais - les joueurs de tiercé allaient - vous alliez

138 vous aviez ; vous alliez - j'avais ; j'allais - tu avais ; tu allais - mes oncles avaient ; ils allaient - Paméla avait ; elle allait

139 tu fais ; tu faisais ; tu feras - je fais ; je faisais ; je ferai - nous faisons ; nous faisions ; nous ferons - Eva fait ; Eva faisait ; Eva fera - vous faites ; vous faisiez ; vous ferez - elles font ; elles faisaient ; elles feront

140 *exemples* : nous faisions une partie de foot - vous faisiez vos devoirs - tu faisais de la musique - je faisais du sport - on faisait le ménage - mes parents faisaient les commissions - Il ne faisait rien !

141 tu redoubles - vous vous vexez - j'écoute

142 *exemples* : Les poids lourds bloquaient la route. - le jardinier retournait la terre - je bouclais toujours ma ceinture - nous réservions nos places - tu nettoyais les vitres - les Bleus marquaient beaucoup de buts - vous agrafiez les feuilles

143 *présent* : je soigne - l'appartement comporte - les phares éclairent - je me régale
imparfait : nous campions - tu m'accompagnais - vous repassiez - les élèves racontaient

144 je réalisais - vous composiez - tu te brûlais - Colin séchait - nous départagions - les électeurs votaient

145 M. Demonchy signait - les chevaux galopaient - tu te déshabillais - nous nous entraînions - je chassais - vous vous douchiez - Emmanuel maltraitait - les Parisiens empruntaient - nous profitions

159

Imprimé en Italie par Officine Grafiche Novara 1901
Dépôt légal: 49945-08/04-Colletion n° 58
Édition n° 03-16/8983/5